CHRISTA ZÖCHLING

HAIDER

Licht und Schatten einer Karriere

MOLDEN
VERLAG

Christa Zöchling

HAIDER

*Licht und Schatten
einer Karriere*

MOLDEN VERLAG WIEN

Die Deutsche Bibliothek – CIP-Einheitsaufnahme
Christa Zöchling:
Haider/Christa Zöchling. – Wien:
Molden Verlag 1999
ISBN 3-85485-025-5

3. Auflage 2000

© 1999 by Molden Verlag GmbH, Wien
Umschlagentwurf: Veronika Molden
Lektorat: Franz Schuh
Herstellung: Franz Hanns
Druck: Wiener Verlag, Himberg

ISBN 3-85485-025-5

Inhalt

5

Der Komödiant und das Theater

Das Burgtheater besteht seit dem Jahre 1776. Vom Weltreich bis zur kleinen Republik, von der Monarchie bis zur Demokratie ist es ungebrochen die geographische und künstlerisch geistige Mitte dieses Landes. Daß dieser Mittelpunkt ein Theater ist, beschreibt die schönste Seite österreichischer Identität.

Die Burgtheaterdirektion anzutreten heißt, die Stafette einer einzigartigen Theatertradition zu übernehmen, vor allem aber mit ihr – wie einst am Olymp – das große Feuer neu zu entfachen und zu beleben. Was heute in den Herzen und Köpfen der Menschen brennt, soll auf dieser Bühne spielend Gestalt annehmen.

Dafür arbeiten die Schauspieler. Ihretwegen kommen die Menschen. Wegen ihrer Besonderheit, ihrer Freude, ihrer Leidenschaft, ihrer Verzweiflung, wegen ihrer Anmut und ihrer Abgründe.

Mit alten und neuen Dichtungen, mit schönen und schrecklichen Geschichten sollen sie sich einen der letzten kultischen Orte dieser Welt – für Sie, unser Publikum – neu erobern: das Wiener Burgtheater.

Klaus Bachler

Über *einen* Politiker in Österreich sind keine Witze im Umlauf. Tausendmal totgesagt, ist er, wie man es nur Gespenstern nachsagt, immer wieder aufgetaucht und im Windschatten seiner Wähler groß und größer geworden. Im September 1986 hatte Jörg Haider in einer Kampfabstimmung die Macht in der FPÖ übernommen und im Laufe der Jahre aus der Fünfprozentpartei eine Bewegung gemacht, als deren

Vorsitzender er demnächst oder auch später die Führung der Republik übernehmen will. Falls sie so stark geworden ist, daß er anschaffen kann.

Einmal schon sah es aus, als ob ihn das Glück verlassen würde. Bei den Nationalratswahlen 1995 verloren die Freiheitlichen 0,6 Prozent der Stimmen. Darauf atmete das österreichische Establishment kollektiv auf, als sei ein böser Fluch nun gebannt. Aber warte nur balde: Der Niederlage folgte ein 27-Prozent-Triumph auf dem Fuß.

Die Freiheitlichen wurden zur zweitstärksten Partei. Das geschah im Herbst 1999.

Jörg Haider hat die FPÖ zu einer universellen Oppositionspartei geformt und ist, von Bruno Kreisky abgesehen, der erfolgreichste Politiker der Zweiten Republik.

Haider, unbestrittener Führer seiner Partei, ist eines jener seltenen Phämomene, aus denen sich, lange nach ihrem politischen Wirken, Legenden bilden werden. Er ist ein Verführer, verspielt und schwer zu fassen, weil scheinbar jede beliebige Meinung eine Zeit lang bei ihm eine Heimat finden kann. Ein Outlaw, der gegen die Etablierten angetreten ist. Ein Opfer der Umstände, wie sich Haider selbst gern sieht, so daß er sich schon einmal wie ein „Kurde", ein „Palästinenser" oder gar wie ein „Jude" behandelt fühlt.

Er ist die trivialisierte Variante einer romantischen Figur, rückwärtsgewandt und dennoch zu früh gekommen, ein einsamer Wolf, der unbeirrrt eine Mission erfüllt. Die Frage ist bloß: welche?

Seit mehr als zwei Jahrzehnten ist Haider damit beschäftigt, die österreichische Gesellschaft von Grund auf umzukrempeln. Vieles ist ihm schon gelungen. Wenn auch nicht in der harten Wirklichkeit, so doch im Nachdenken über sie: Er bestimmt den Ton, in dem über die Verhältnisse geredet wird.

Das ist erstaunlich, bedenkt man, daß dieser Politiker nicht an der Macht ist. Noch nie hatte er einen wichtigen politischen Posten inne. Zwei Jahre lang war er Kärntner Landeshauptmann und ist es jetzt wieder. Eine Funktion, die, ihrer verfassungsrechtlichen Papierform nach, ein Nichts ist. Und doch ist er stiller, oder vielmehr lauter Teilhaber an den Stammtischen des Landes, aber auch in den sogenannten „gehobenen" Kreisen.

Das Phänomen Haider hat Schriftsteller zu „engagierter" Literatur angeregt. Er ist, was sehr selten vorkommt, sofern man nicht emigriert, sogar für das Ausland interessant geworden. Die „Washington Post" etwa berichtete über seinen Kärntner Wahlsieg – ein Erfolg unter nur 450.000 Stimmberechtigten, was in amerikanischen Dimensionen gerade eine Kleinstadt ausmacht.

War man früher einmal stolz, wenn fremde Zungen den Namen Bruno Kreiskys als den eines bedeutenden Staatsmannes zum Klingen brachten, und war man später dann etwas betreten, wenn der Name Kurt Waldheim fiel, so möchte man heute am liebsten zu einer großen Erklärung ansetzen, wenn die Rede auf Jörg Haider kommt.

Politiker, die im Ausland umherfahren, fühlen sich, so hört man klagen, immer wieder zu der Erklärung veranlaßt, daß Österreich „kein Land von Nazis" und Haider bloß ein populistischer Politker sei, der mit Lügen und Halbwahrheiten die Ressentiments der Österreicher aufs trefflichste versorge und bloß zu Tage fördere, was eben „im Menschen" drin sei. Ein nicht unerheblicher Teil unserer Landsleute wird damit in kein besonders schmeichelhaftes Licht gestellt. Doch zumindest der schlimmste aller Gedanken, daß nämlich dem Schosse Österreichs ein zweites Mal ein „Führer" entsprießen könnte, der die Welt in Atem hält, ist fürs erste entkräftet.

„Haider ist nicht der Gegner der österreichischen Großparteien. Er ist ihr Übertreiber"[1], sagte der Schriftsteller Peter Turrini über die frühen Haider-Jahre. Das Diktum mag in jüngster Zeit fragwürdig erscheinen, da die Freiheitlichen in ihrem Wahlkampf gegen Ausländer den Begriff der sogenannten „Überfremdung" einführten. Ein Begriff, der im deutschsprachigen Raum aus den 30er Jahren bekannt ist, als Goebbels auf diese Art gegen die Juden hetzte. Die politische Elite des Landes fühlt sich durch sein Wirken dekonstruiert und hält ihn für demokratiegefährdend. Doch immer mehr Menschen sehen das offenbar nicht so.

Seine Anhänger entdecken an ihm genialische Züge, weil er ihren Bedürfnissen, von denen sie nicht einmal wußten, daß sie existieren, einen Namen gibt. Er spricht eine Sprache, die ihnen vertraut ist und die zugleich ihnen Fremdes benennt. Seine Gegner machen dämonische Eigenschaften an ihm aus, weil für sie sein Erfolg, das heißt: ihr Mißerfolg nur durch Dämonie erklärbar ist.

Jörg Haider hat die politische Kultur aus der Langeweile, aus einer mehr oder minder verdeckten Form der Depression wenigstens zeitweise erlöst. Seine Show wirkt euphorisierend.

Er ist der Komödiant, der sich berechnend in Szene setzt, der seinen Witz und seinen Spieltrieb auch gegen den Zeitgeschmack austoben will und der sich daran berauscht, wenn ihm das Publikum nach anfänglichem Widerstand beinahe willenlos, traumwandlerisch folgt.

„Mit fast fünfzig", bemerkte die österreichische Schriftstellerin Elfriede Jelinek, „schaut der ja noch wie ein Firmling aus. Jünger als seine Töchter."[2] Das ist metaphorisch zu verstehen, denn wer Jörg Haider in den vergangenen Jahren aus

---

1 Peter Turrini, in: Brigitte Galanda, Ein teutsches Land, Wien 1987, S. 7
2 Die Zeit 12, 1999

beruflichen Gründen nahekommen mußte, der konnte sehen, wie sich allmählich Falten eingruben und Kanten hervortraten.

In seiner Rebellenpose, die er spätestens dann einnimmt, wenn das Scheinwerferlicht angeht und die Kameramänner sich in Position bringen, wirkt er aber tatsächlich alterslos, mit ewiger Jugend ausgestattet.

Dieser Politiker arbeitet mit ziemlich banalen Strategien. Trotzdem – oder vielleicht deshalb – ist er grandios in seiner Wirkung. Er hat es geschafft, die Politik zu einem Psychodrama, nicht zuletzt zu seinem eigenen, zu machen. Er scheint damit eine verborgene, lang zurückliegende Tradition in diesem Lande für sich zu nützen. Die theaternärrischen Österreicher finden Gefallen an seinem Stellvertreter-Geschimpfe. Man schmunzelt unwillkürlich und ist gefangengenommen. Dem Vergnügen liegt allerdings Ohnmacht zugrunde. Haider ist, wie Armin Thurnher einmal geschrieben hat, ein Phänomen der Massenkultur.[3]

Die Österreicher sind Voyeure, sie schauen gern zu, was sich „da oben" abpielt. Sie sind begnadete Applaudierer und manchmal auch keine schlechten Pfuirufer. Sie sitzen in den Theatern und klatschen im Rhythmus eines warmen Sommerregens – doch die besterzogenen Menschen verwandeln sich sekundenschnell in unflätige Krakeler, wenn ihnen etwas mißfällt. In diesem Sinne sind die Österreicher angeblich unbestechlich. Eine solche Liebeserklärung deponierte jedenfalls der scheidende Burgtheater-Direktor Claus Peymann in einem seiner lachenden und weinenden Abschiedsinterviews.

Wäre es nach Jörg Haider gegangen, hätte der vielgehaßte Deutsche Peymann in Wien gar nicht erst antreten dürfen.

---

3   Falter 12, 1992

Seine Abneigung tat der Parteiführer schon bei der Ankunft des Regisseurs, Karl Kraus zitierend, kund: „Hinaus mit dem Schuft aus Wien." Hat sich damals schon bitterste Konkurrenz um die Vorherrschaft auf der Bühne, die die Welt bedeutet, angekündigt?

Vielleicht ist es eine allgemeine und unvermeidliche Erfahrung im Existenzkampf, daß man sich ärgert, wenn ein „Unter" von einem „Ober" zurechtgestutzt wird, selbst wenn es sich dabei um ein Schlitzohr handelt. Daß man sich freut, wenn der Kleine renitent wird und die Großen an der Nase herumführt. Die Österreicher freuen sich darüber gewöhnlich ein bißchen mehr als die Menschen anderswo. In Österreich kommt ein Triumph des Kleinen seltener vor.

Die politische Kultur in Österreich besteht aus einem Jahrhunderte alten Gemisch aus barockem Theater, sinnesfreudigem Katholizismus, bürokratischer Willkür und kontrollierter Reform. Hier hat Haider die Politik auf die Schaubühne zurückgeholt, auf der sie, nach Ansicht von Mark Twain, schon zu Beginn des Jahrhunderts ihre Vorstellungen gab. Nirgendwo war die Verkehrung von Sein und Schein üblicher als in Wien. Wien gab stets eine prächtige Kulisse ab – eine Stadt, in der der Schauspieler und der Virtuose, vor allem der aufspielende, geliebt und gehaßt wurden. „Nur in Wien", schreibt Hannah Arendt, „wo alles Politische zum reinen Theater geworden war, konnte das Theater sich wirklich an die Stelle aller Realitäten setzen."[4]

Während anderswo längst der Maschine und einer anonymen Befehlsgewalt zu gehorchen war, lebten breite Schichten der österreichischen Bevölkerung noch in der Abhängigkeit von Feudalherren und Hofräten. Herrschaft und Unterord-

---

4 Hannah Arendt, Elemente und Ursprünge totaler Herrschaft, München 1986, S. 132

nung wurden direkter, konkreter und persönlicher erfahren als in den mehr von Warenproduktion und Marktwirtschaft bestimmten Systemen. Bis heute sind in Österreich viele gesellschaftliche Bereiche vom Kapitalismus und vom „Geist des Kapitalismus" verschont geblieben.

Haider wollte ursprünglich, in seiner Pubertät, Schauspieler werden. Er hatte im Schülertheater Szenenapplaus bekommen. In den Nestroy-Rollen soll er so gut gewesen sein, erzählen ehemalige Klassenkameraden, daß er selbst jene faszinierte, mit denen er zerstritten war. Wie ehemals Johann Nepomuk Nestroy im Biedermeier hat Haider heute ein dankbares Publikum in einer von Fadesse und Stumpfheit überwucherten politischen Landschaft. Sein Vorgänger Norbert Steger charakterisiert ihn als einen „anti-intellektuellen, anti-urbanen Politschauspieler"[5] Hätte er eine Chance wie etwa Brandauer bekommen, er hätte ein anderes Metier gewählt, glaubt Steger.[6]

Die Macht der Haiderschen Bewegung, auch wenn sie noch nicht dort ist, wo sie einmal hinkommen will, entspringt, wie in jedem Theater, nicht einem gemeinsamen, rationalen Interesse ihres Publikums. Ihr Resonanzboden ist eine Art von Volksgemeinschaft, die im Gewand des Patriotismus, des „Österreich zuerst", daherkommt. Ein Slogan, den übrigens nicht Haider, sondern das Wahlkampfteam des Präsidentschaftskandidaten Thomas Klestil im Jahr 1991 in die Welt gesetzt hat. Haider hat nur dessen politische Sprengkraft erkannt und seiner Bestimmung zugeführt.

Jörg Haider beherrscht die Kunst, den Verstand mit Argumenten einzulullen. Oft wirken seine Argumente nur durch eine oberflächliche Plausibilität. Wenn Haider etwa sagt, daß

5   Basta 4. 8. 1988
6   Gespräch mit Norbert Steger am 2. 6. 1999

13

er „das System für sturmreif"[7] hält, dann spricht er vielen Menschen aus dem Herzen, die sich der vermeintlichen Willkür von Gesetzen und Vorschriften ausgeliefert sehen und die nicht wissen, wieso und warum.

Und wenn er hinzufügt, daß es „nicht notwendig" sei, in diesem Lande „eine Revolution zu machen", dann beruhigt er die verängstigten Gemüter. In Österreich herrscht seit geraumer Zeit eine Stimmung, wonach es völlig egal ist, welcher Partei man seine Stimme gibt, weil man denkt, daß sich ohnehin nichts ändert. Jörg Haider konnte – er mußte noch nie den sogenannten „Beweis" antreten – seine Wähler bisher nicht enttäuschen.

Jörg Haider lebt davon, daß er Meinungen provoziert. Diese Meinungen sind ihrer Natur nach veränderlich und Schwankungen unterworfen. Sie sind vor allem zäher und langlebiger als die sogenannte „Wahrheit". Meinungen wohnt der Wille zur Überzeugung inne, und dieser Wille geht vor die Absicht, etwas gründlich zu beweisen.

Jörg Haider ist dabei umso erfolgreicher, je öfter auch seine politischen Konkurrenten ihre früheren Daseinsgründe – die Vertretung bestimmter Interessen – wie Theaterrequisiten auf die politische Bühne holen und von dort wieder wegtragen.

So sieht man sich, gezwungenermaßen, ein Stück an, in dem immer wieder einer auftritt, der die anderen imitiert, karikiert und in ihrer nunmehr fast schon komischen Bemühtheit vorführt. Als stünde er in Brechtscher Tradition, zwinkert Jörg Haider seinem Publikum dann und wann zu, daran erinnernd, daß doch alles Theater sei und die Zuschauer eh nicht so dumm, das Ganze ernst zu nehmen. So ein Aus-der-Rolle-Treten gefällt und bringt Spannung in die Politik.

Da wird ein Nigerianer bei seiner „Abschiebung" in Ge-

---

7   FPÖ-Klubtagung am 28. 10. 1993 in Burg Schlaining

genwart zweier Beamter erstickt, und dann stellt sich Jörg Haider hin und sagt, diese Nigerianer seien Drogendealer und „die Mörder unserer Kinder". Sofort läßt sich die nationale Schande leichter ertragen. Oder man hat den Titel eines expressionistischen Dramas von Oskar Kokoschka – „Mörder, Hoffnung der Frauen" – im Ohr und fragt sich irritiert: Kennt Haider Kokoschka?

Oder war das nur ein Nachhall jener Zeit, als Oskar Kokoschka von Hitler einen Ehrenplatz in den Schaustellungen der „entarteteten Kunst" bekommen hat? Diese Melange erzeugt jedenfalls eine schillernde und vielschichtige Aura. Das macht Haiders Charisma aus, damit hat er Erfolg.

Die Partei und seine engsten Mitarbeiter behandelt Haider ziemlich zynisch. Jeder andere wäre schon längst von der Spitze vertrieben worden. Solange er erfolgreich bleibt, wird das freilich nicht geschehen. Sein Typus steht und fällt mit dem Erfolg – und man kann vermuten, daß er das sehr genau weiß –, was wiederum seinen Zynismus belebt.

Auf FPÖ-Parteitagen fragt man sich: Wo kommen die vielen neuen Gesichter her, auch wenn es sich bei genauerer Betrachtung um altgediente Funktionäre handelt. Die Physiognomien seiner Anhänger gehen mit der Haider-Zeit. Alte und graue Gesichter, wenn gerade mal eine Niederlage zu verdauen – enthusiastisch verzückt, wenn ein Sieg zu feiern ist, trotzig entschlossen, wenn der Widerstand übermächtig scheint.

Haider ist ein Abbild, ein Inbild gesellschaftlicher Sehnsüchte und Erwartungen, die nicht zufällig zeitgleich mit der Wahl Kurt Waldheims zum Bundespräsidenten in der österreichischen Innenpolitik Konturen bekamen. Während Waldheim, der alte Mann, hilflos von „Pflichterfüllung" sprach, als es um seine NS-verstrickten Kriegsjahre ging, hob Haider forsch den Teppich, unter den das alles jahrzehntelang gekehrt worden war. Er behauptete, daß sich niemand dafür genieren müsse. Die Nachgeborenen schon gar nicht. Und die Kriegsgeneration auch nicht. Eigentlich niemand, „der nicht eigenhändig sechs Juden erwürgt" habe, wie der damalige ÖVP-Generalsekretär Michael Graff plastisch formulierte (und deshalb zurücktreten mußte). Doch das, was gemeint war, blieb.

Unter Haiders Schutzherrschaft durfte fortan das kollektive schlechte Gewissen zu den Akten gelegt werden. Die „Befreiung", von der Haider immer schon geredet hatte, war plötzlich konkret geworden.

Möglicherweise war die Waldheim-Affäre eine jener Zufälle des Massenerfolgs, von dem sich Jörg Haider inspirieren ließ und dem er von da an treu blieb.

Was aber treibt ihn dazu, seit zwanzig Jahren nur auf sich und nichts auf die anderen zu setzen? Und woher kommt sein eigenes schlechtes Gewissen, wenn er, wie einer seiner engsten Mitarbeiter sagt, keinen vollen Terminkalender hat?

Kein Mensch lebt ein Leben nach einem einzigen Gesetz oder einem allumfassenden Prinzip. Wenn man will, kann man jedoch einen roten Faden in Haiders persönlicher und politischer Entwicklung entdecken, ein Segment, das hypertroph geworden ist und das den großen Rest absterben hat lassen. Eine Charaktereigenschaft, die all das, was er tut, bis in Kleinste kennzeichnet. Es ist der kindische und potentiell gefährliche Drang, immer und überall Erster, der Beste zu sein, mehr geliebt und mehr gefürchtet zu werden als andere.

Ein solcher Mensch muß naturgemäß fortwährend gegen Widerstände anrennen. Sobald er damit aufhört, verliert sein Dasein den Sinn. In der politischen Sphäre ist es für Haider der Widerstand gegen den Staat und all das, was er in der Zweiten Republik Österreich (re)präsentiert.

Hans Dichand, Besitzer, Herausgeber und Chefredakteur

der „Kronenzeitung", schrieb im Jahr 1994, Haider sei nur
deshalb gegen die Europäische Union, weil er in wichtige, nationale Entscheidungen nicht einbezogen worden sei. Das ist
bloß die halbe Wahrheit. Haider will zwar unbedingt dazugehören, doch soll er dabei an erster Stelle stehen. Ein Mensch,
dem es um Sieg oder Niederlage geht, kann sich nicht domes-
tizieren lassen, kann sich nicht zufrieden geben.

In diesem Licht erhellt sich die Beliebigkeit seiner Ideologie, die Fundamentalopposition und der harte Umgang
mit seinen Mitarbeitern. Auch seine Fehleranfälligkeit. Aus
der Kindheit eines Chefs hat sich das Erwachsenenleben eines Politkers herausgeschält, der nützliche Kompagnons neben sich, aber keinen über sich duldet. Der Konflikte scheut
und den oft brutalen Umgang mit anderen von ungehemmt
loyalen Mitarbeitern ausführen läßt. Der orientierungslos
wird, wenn sich Liebe und Haß nicht schwarz-weiß zeich-
nen lassen. Der Fehler macht, weil er vor Selbstliebe strotzt.
Der Fehler nicht zugeben kann, weil er rechtbehalten muß.

Keiner seiner Parteigenossen, die eine Zeitlang in der öffentlichen Anerkennung gleich wichtig waren, hat an seiner
Seite politisch überlebt. Keiner durfte es wagen, seine führende
Position in Zweifel zu ziehen. Jeder, der ihn einmal weinend,
jammernd und depressiv gesehen hat, ist in Gefahr, in einem
dafür günstigen Augenblick abgeschoben zu werden.

Der Hauptvorwurf, der gegen Haider immer wieder erhoben wird, ist der des Rechtsextremismus oder der zynischen
Instrumentalisierung dieser Haltung zum Zwecke der Provokation.

Von Kindesbeinen an hat Jörg Haider gelernt, daß seinen
Eltern, ehemals überzeugten Nationalsozialisten, das Bürger-
recht nur gnadenhalber zugestanden worden war. Von einem
Staat, der den Mythos als „erstes Opfer" Hitlers zur Grundlage seiner Identität erhoben hatte; ein Staat, in dem man Tä-

tern keinen Platz einzuräumen schien. Aber waren die Täter nicht die Mehrheit?

Haider mußte zusehen, wie manche Leute Minister und höchste Repräsentanten des Staates wurden, nur weil sie bei einer der beiden Staatsparteien angeheuert hatten.

Haider hat erfahren, daß man sich von seiner Vergangenheit distanzieren mußte, um als vollwertiges Mitglied der Gesellschaft zu gelten. Doch in seinem Milieu durfte ganz frei, ganz anders geredet werden. Gefesselt in ihrer Schuld und in ihrer Trauer über die verlorenen Jahre hat diese Generation freilich nie wirklich eine Sprache gefunden. Und als der Politiker Haider darüber Rede und Antwort stehen mußte, konnte er es auch nicht. Und dann wollte er es nicht, denn einer, der siegen will, tut nur, was er kann und was ihm nicht von vornherein schadet.

Haider wurde früh in eine schwierige Welt von Sein und Schein eingeführt. In seiner Kindheit schon konnte er den Resonanzboden studieren, über dem er später seine Saiten aufzog. Haiders Eltern versuchten, die Welt draußen nichts wissen zu lassen von der Armut und den Demütigungen, denen sie sich ausgesetzt fühlten. Die Heirat zwischen der Arzttochter Dorothea Rupp und dem Schuhmacher Robert Haider wurde von der mütterlichen Verwandtschaft als Mesalliance betrachtet.

Zu den reichen Verwandten fuhr man mit einem geborgten Mittelklassewagen. Im Hause Haider verspürte man viel Druck von außen, dem man sich nur trotzig zur Wehr setzen konnte.

Haider ist klug genug, zwischen persönlicher Schuld und Geschichte, Erkenntnis und Verantwortung zu unterscheiden. Doch Eigenliebe und Haß haben einen blinden Fleck entstehen lassen, der die Sicht auf wesentliche Dinge verstellt.

Freiwillig sprach Haider nie von den Opfern des Nationalsozialismus, das Wort „Jude" ging ihm nur schwer über die Lippen. Umso eifriger umwarb er Juden, die versöhnlich gesinnt sind: Den bereits verstorbenen Logotherapeuten Viktor Frankl oder den Europaabgeordneten Peter Sichrovsky, jeder auf seine Weise ein Opfer-Täter-Spezialist.

Haider läßt sich, wie viele aus der Generation seiner Eltern, von Juden einen „Persilschein" ausstellen. Wenn es Scherereien gibt, zitiert er Simon Wiesenthal, der einmal in einem Interview bestätigte, daß Haider „niemals etwas gegen Israel oder etwas Antisemitisches" geäußert habe.[8]

Wiesenthal konnte nicht wissen, daß Klein-Haider das sportliche Fechten an einer Strohpuppe lernte, die mit der Aufschrift „Wiesenthal" gekennzeichnet war. Aber ist das wichtig? Höchstens, indem es ein schlechtes Gewissen macht.

Und wie zur Strafe – daß ja niemand glaubt, er könne seinem Familienroman entkommen –, erbte Haider im Jahr 1986 von seinem reichen, deutschnationalen Großonkel das Kärntner Bärental, einen ehemals jüdischen Besitz, der mit dem Geld des Onkels „entjudet" wurde. Die Bedingung der Nationalsozialisten damals war, „das Deutschtum" in diesem slowenischsprachigen Teil Kärntens hochzuhalten. Nun ist der Erbe dran, es hochzuhalten, und so wie er sich um ein ethnisch homogenes Österreich sorgt, scheint er dieser Bedingung auch nachzukommen.

Haider bekämpft den Staat der Zweiten Republik, doch seine Kritik an den Verhältnissen ist im Grunde diffus geblieben. Er prangert Verbände und Institutionen, Proporz und Privilegien, die Nutznießer und deren Gehälter an. Doch wie würde er, könnte er wie er wollte, mit der Schattenregierung namens Sozialpartnerschaft wirklich verfahren? Abschaffen,

---

8   Melanie A. Sully, The Haider Phenomenon, New York, 1997, S. 222

auflösen, abschlanken? Man weiß nicht so recht, ob die propagierte Erneuerung nicht einfach darauf hinausliefe, daß sich nun auch noch die Haider-Partei in das Proporz-System hineinzwängt.

Nur in einem ist Jörg Haider immer sehr klar gewesen. Er schätzt alle Formen der direkten Demokratie. So kann er Massen mobilisieren. So kann er sich spüren. So kann er im Kollektiv verschwinden und dennoch herausragen. Die formalen Elemente der repräsentativen Demokratie fand er schon immer beschwerlich.

„Früher oder später", prophezeite Turrini vor zwölf Jahren, „werden die Großparteien an Jörg Haider Maß nehmen, sie werden die Ähnlichkeit und damit die Ehefähigkeit entdecken."9

Die Zeit ist gekommen. Im Frühjahr 1999 erreichte Haider an der Spitze seiner Partei bei den Kärntner Landtagswahlen 42,3 Prozent der Stimmen. Er gewann so überraschend hoch, daß keiner seiner Konkurrenten von den Sozial- und Christdemokraten diesen Wahlsonntag politisch überleben durfte. Vergessen war, daß dieser Mann einmal als „untragbar" auf dem Sessel des Landeshauptmanns gegolten hatte, weil er die „ordentliche Beschäftigungspolitik im Dritten Reich" gelobt und ehemalige SS-Soldaten als „anständige Menschen mit Charakter" geehrt hatte. Unter dem Eindruck des Erfolgs galt es geradezu als anstößig, daran zu erinnern.

Das kam nicht überraschend. Wie sollen jene, denen der Übertreiber einen Spiegel vorhält, hineinsehen, ohne zu erschrecken? Mit welchem Recht konnte die politische Elite dieses Landes einen Konkurrenten zum Aussätzigen erklären und auf sein problematisches Verhältnis zur NS-Vergangen-

---

9 Peter Turrini, in: Brigitte Galanda, Ein teutsches Land, Wien 1987, S. 7

heit hinweisen, das sie doch ebenso schlampig über Jahrzehnte hin gepflogen hatte?

Andererseits: Was sollte einer sagen, der zum tausendsten Mal zu einer rituellen Ablehnung des Unaussprechlichen, in offiziellen Reden gern die „dunkle Zeit" genannt, gedrängt wird?

Wenige Tage nach seinem Sieg in Klagenfurt lehnte sich Haider in einem Cafe am Wörthersee entspannt zurück, blickte nachdenklich über den glatten Spiegel des Wassers und diktierte einem Journalisten des amerikanischen „Wallstreet Journal" gelassen seine Vorstellungen über Österreichs Zukunft aufs Band. „Wir hatten in den vergangenen Tagen ziemlich viele Amerikaner hier", bemerkte er nebenbei stolz. Hierzulande weiß man freilich nicht so recht, was diese neue Ära bringen soll. Im südlichsten Bundesland herrschte aber helle Aufregung, als habe man eine Revolution hinter sich. Als würde nun abgerechnet. Und etwas weiter entfernt, in Wien, klopften die kühlen Kalkulierer an Haiders Tür, um eine Gesprächsbasis, wie es so schön heißt, aufzubauen. Haider genießt diese Annäherungsversuche. Er hat ja recht behalten.

Hätte es nicht die kritischen, besorgten Auslandsreaktionen auf Haiders Erfolg bei den Nationalratswahlen gegeben, wäre Haider wohl wie ein Satyr durch das Land gezogen und hätte fortwährend schallend gelacht. Das Ausland aber, wohl auch die Funktionärsschicht in der eigenen Partei, die endlich die Früchte des Erfolgs ernten will, haben ihn veranlaßt, zu einer großen, beleidigten Entschuldigungsgeste anzusetzen. Die Aussagen, die ihm „zugeschrieben" werden, die vielleicht zu dem einen oder anderen „Mißverständnis" geführt hätten, die seien fortan zu den Akten zu legen. Hofft Haider. Er gibt sich regierungsfähig.

Ist der Politiker Haider gefährlich? Heide Schmidt sagte darauf einmal zögernd, daß sie ihn für ein „Risiko" halte. Sie könne sich vorstellen, daß Jörg Haider mit derselben Verbissenheit für den Bestand der Demokratie kämpfe wie für das gerade Gegenteil.[10] Helmut Peter, ein ehemaliger Freund aus alten Tagen, sagt: „Haider ist zu intelligent, um gefährlich zu sein".[11]

Der ehemalige Langzeit-Obmann Friedrich Peter prophezeit ihm einen „tiefen Fall".[12] Andere sprechen mit Grausen vom „Alles oder Nichts"-Instinkt des Spielers Haider.

Ein klassisches Muster des Möglichen findet sich bei Plutarch: „Das Glück stellt, wenn es einen gemeinen Charakter durch glänzende und ausgezeichnete Taten erhebt, denselben nur noch mehr hervor und gibt ihn, wenn er wankt und aus Mangel an Schwere strauchelt, der Schande preis."[13] Wer keine anderen Bindungen hat außer die an sein Ego, ist tatsächlich in der privilegierten Position eines Mannes, der nichts liebt außer sich selbst, der alles wagen kann, was allein zwischen ihm und dem Tod liegt. Da spielt die Verantwortung für andere keine wichtige Rolle. Zu den Rollen, mit denen Haider sich seit neuestem besetzt, gehört die des umsichtigen Staatsmannes, die des besorgten Regierenden im Interesse aller. Manchmal wird Haider auch gezwungen sein, Doppelrollen zu spielen, ja sogar viele Rollen gleichzeitig; in einem Stück, das dann keiner mehr durchschauen soll. Ob wenigstens er die Übersicht behalten wird?

Es ist müßig, zu fragen, ob sich Haider mit der Position des Kärntner Landeshauptmannes zufrieden gibt, ob er in Kärnten bleibt oder nicht. Ob er es schafft, seine Partei jetzt oder später in eine Regierung zu bringen. Ein politisches Ziel, bei dem diese Bewegung, die er anführt, an ihr Ende kommen würde, gibt es nicht. Oder sie wird anders. Vermutlich ohne ihn.

---

10 Gespräch mit Heide Schmidt am 9. 11. 1998
11 Gespräch mit Helmut Peter am 23. 3. 1999
12 Gespräch mit Friedrich Peter am 26. 3. 1999
13 zitiert nach Ian Kershaw, Hitler 1889–1936, Stuttgart 1998, S. 23

Die Kindheit eines Chefs

Es gibt ewig Rastlose, die mit einer Wunde im Herzen herumgehen, weil sie ahnen, daß es keine Instanz gibt, die erlittenes Unrecht wieder gutmachen könnte. Und schon gar nicht selbst verschuldetes. Was bleibt also von einem Jahrtausendreich?

„Ein schweres Leben, ein schweres Leben", seufzte Haiders Mutter an dem Tag, an dem ihr Sohn zum zweiten Mal Landeshauptmann von Kärnten wurde. „Ein schweres Leben", sagte sie, hätten sie gehabt, und man würde gern in den Worten von Henryk Broder hinzufügen, daß sie den Juden wohl nie verzeihen werden, was sie ihnen angetan haben. Doch das tut man nicht. Aus Gründen der Höflichkeit.[14]

Die Mütter dieser Generation führen oft das tröstende Sprichwort „Das Glück is a Vogerl" im Mund, keineswegs unbekümmert, sondern ängstlich darauf bedacht, das Glück nicht auf die Probe zu stellen.

„Man darf sich nie zu früh freuen", sagt Mutter Haider. Die Haiders saßen an diesem wichtigen Tag im Leben ihres Buben gleich zu sechst auf der Galerie des Kärntner Landtages und harrten geduldig der Dinge, die sich aufgrund manch unnotiger Obstruktionen der gegnerischen Parteien doch recht lang hinzogen. Überladen mit Journalisten, Parteisekretären, Fotografen und Kameramännern, bot die Besuchergalerie an diesem Tag den Anblick eines vielköpfigen und nervösen Organismus. Währenddessen wurde unten im Sitzungssaal nach den Prozeduren der Geschäftsordnung

---

14 Gespräch mit Dorothea Haider am 8. 4. 1999

stundenlang über verschiedenste Ausschüsse abgestimmt. Als der „Bub" dann endlich im Landeshauptmannsessel Platz nahm, zog der Vater vorsorglich ein Riesenschneuztuch aus der Rocktasche.

Für die Eltern war es ein Déjà-vu, und so trauten sie dem Frieden nicht recht. Zehn Jahre vorher hatten sie schon einmal gefeiert. „Vater, du hast schon genug" hatte damals Frau Haider, die selbst in Stunden des totalen Triumphs nie den Sinn für kleinbürgerlichen Anstand verliert, ihren Mann zurechtgewiesen, worauf sich der damals 75jährige nur umso entschlossener an seinem Sektglas festhielt und allen Umstehenden mitteilte, daß dies „der glücklichste Tag" seines Lebens sei.[15] Haider war damals mit den Stimmen seiner Partei und der ÖVP zum Landeshauptmann gewählt worden. Doch das Glück währte gerade zwei Jahre lang. Nach dem Lob für die „ordentliche Beschäftigungspolitik im Dritten Reich" hatte Haider den Sessel räumen müssen.

Wie andere Eltern zur Sponsion begleiteten Dorothea und Robert Haider ihren Jörg im vergangenen Jahr zu allen wichtigen Anlässen, die seinen unwiderruflichen Triumph auf der politischen Bühne markierten. Man war beim Villacher Parteitag, bei dem Jörg Haider mit 99,7 Prozent der Delegiertenstimmen zum Kärntner Spitzenkandidaten gewählt wurde. Man besuchte die bombastisch-ungemütliche Veranstaltung in der Klagenfurter Eishalle, bei der Jörg Haider seinen Anhängern zugerufen hatte, daß er nun „wieder da" sei.

Auch am Tag der Angelobung des Landeshauptmanns durch den Bundespräsidenten stand Dorothea Haider an der Seite ihres Sohnes und ihrer Schwiegertochter im Zeremoniensaal der Wiener Hofburg. Forschend, welche Ehre man dem Sohn nun endlich erweise, und leicht verärgert, weil sich

---

15 profil, 23, 1989

Kanzler Viktor Klima mit breitem Rücken vor jene Fotografen stellte, die doch ein Foto vom Angelobungshändedruck hätten schießen sollen. Das kränkt. Vermeintliche politische Größen würden in solchen Situationen plötzlich ganz klein, beschwerte sich Haider ein paar Wochen später bei einer Großveranstaltung für die Europawahlen. Er habe sich gefragt, „wie oft der Bundeskanzler einen schnellen Händedruck geübt hat, um sich dann aus dem Staub machen zu können."[16]

Sie hätte, sagt Mutter Haider, immer „viel Angst um den Buben haben müssen"[17], wegen der vielen Anfeindungen und Drohungen, die ihre eigenen vier Wände durchdrangen. Auch wegen der verrückten Ideen des Buben. Der Sprung von der Brücke, Haiders Bungee-Jumping, von dem sie eines Abends, nichtsahnend vor dem Fernsehapparat sitzend, überrascht worden war, ließ ihr Herz fast stillstehen.

Erst in den letzten zwei, drei Jahren sei Ruhe eingekehrt. Ach ja, da hatte man eine geheime Telefonnummer bekommen. Die Leute im Ort, in Bad Goisern, die seien aber immer schon anders gewesen: verständnisvoll, freundlich und vor allem stolz auf den berühmten Sohn.

Das große Mißverständnis, das hat es immer nur „draußen" gegeben.

Damals, als der 16jährige Jörg unter tosendem Applaus mehrerer Hundertschaften von Turnern eine Rede hielt und dafür den ersten Preis heimholte, war die Haider-Welt noch in Ordnung. Der Erfolg war billig. Um die Zustimmung dieses Publikums mußte nicht gerungen werden. Man schrieb das Jahr 1966. „Erst die Niederlage des ‚Großdeutschen Rei-

16 EU-Wahlkampfauftakt im Austria Center am 1. 5. 1999
17 Gespräch mit Dorothea Haider am 8. 4. 1999

ches'", so dozierte der Gymnasiast bei diesem Redewettbewerb in Innsbruck, „führte zur Geburt des sogenannten volksösterreichischen Gedankens. Damit steht Österreich vor einer Wahl, die seine Entwicklung auf unabsehbare Zeit entscheidet, das deutsche Volk vor der Gefahr, weitere sieben Millionen Menschen zu verlieren."[18]

Instinktiv vielleicht hatte der Schüler ein Problem der Zeit angesprochen. In den Volksschulzeugnissen war noch „Unterrichtssprache" statt Deutsch gestanden. In den Wohnzimmern des Landes lag ein Lesebuch herum – „Mein Österreich – mein Vaterland", in dem schreibende Lehrer literarische und politische Zeugen für die Eigenständigkeit und Besonderheit Österreichs anführten. Der Begriff der Nation wurde darin aber noch sorgsam vermieden.

1945 hatte sich Österreich zur Nationswerdung entschlossen und aus seinen amtlichen Äußerungen alles verschwinden lassen, was irgendeinen Zweifel nähren konnte. Jeder Verdacht auf Anschlußgelüste an Deutschland mußte aus dem Weg geräumt werden. Der Nachweis, daß Österreich eine eigene Nation sei, war unabdingbar, um den Staatsvertrag zu erlangen. Die pädagogischen Anstrengungen, die von staatlicher Seite nach dem Krieg unternommen wurden, galten nicht der nationalsozialistischen Täterschaft oder dem nationalsozialistischen Mitläufertum, sondern der Implementierung einer österreichischen Identität. Kaum war jedoch der Staatsvertrag unter Dach und Fach und der letzte Alliierte abgezogen, wurden die Zügel lockerer geführt. Deutschnationale Organisationen, Turnerbünde und Burschenschaften traten wieder unverhohlen auf.

Im Jahr 1964 wurde eine Untersuchung veröffentlicht, wonach gerade 47 Prozent der befragten Österreicher der

---

18 Deutsche National- und Soldatenzeitung, 29. 7. 1966

Meinung waren, daß Österreich eine eigene Nation sei. Im Jahr 1970 waren es schon 66 Prozent.[19]

In den sechs Jahren dazwischen hatten sich die Menschen offenbar mit dem Gegebenen abgefunden. Daß die Österreicher nicht zum deutschen Volke gehörten oder gehören durften, war durch völkerrechtliche Verträge ja längst entschieden.

In Haiders Kreisen aber kämpfte man noch. „Die vornehmste Aufgabe nationaler Kräfte" sah der Schüler in der „Abwehr aller Bestrebungen, die auf eine Loslösung Österreichs vom Deutschtum gerichtet sind." Haider referierte über „Mischungen von Völkern und Rassen", die er jedoch nur im Kärntner Grenzland, in Wien und in den niederösterreichischen Industriegebieten für zahlenmäßig relevant hielt. Er sprach von „gewissen Kreisen", denen der Zeitpunkt, als das „deutsche Volk nach einem verlorenen Krieg ohnmächtig am Boden lag", günstig schien, „die Zugehörigkeit der Österreicher zum deutschen Volk endgültig zu verleugnen."

Im Ausland wurden diese Tendenzen natürlich mißtrauisch beobachtet. Gegenüber niederländischen Journalisten gab der 16jährige an, er habe sich „da rein an geschichtliche Daten gehalten und versucht, so gut es eben ging, die Zugehörigkeit der Österreicher zum deutschen Volk zu klären." Papa Haider freute sich, daß der Apfel nicht weit vom Stamm gefallen war und belehrte ebenfalls die Reporter: „Das Jahr 1945 hat ja gewisse Situationen gebracht, wo man versucht hat, Österreich vom Deutschtum abzuschreiben. Und daher ist auch das Thema, das der junge Haider abgehandelt hat, ein zeitgemäßes Thema gewesen, gerade für die Jugend, der

---

19 Ernst Bruckmüller, Die Entwicklung des Österreichbewußtseins, S. 388, in: Die Spiegel der Erinnerung, hg. von Robert Kriechbaumer, Wien 1998

man heute in soundso vielen Büchern, Zeitschriften und so weiter das Gegenteil beibringen möchte."[20] Haiders Rede wurde in der „Deutschen National- und Soldatenzeitung" abgedruckt.

Es fällt schwer, einen einschlägig erzogenen Mittelschüler, der mit glühenden Wangen über das Deutsche im Österreichischen referiert, der bewußten rechtsextremen Umtriebe zu bezichtigen. Vor allem, da er zur Vorbereitung dieser Rede gedanklich keine eigenen Anstrengungen unternommen hatte. Der junge Haider hatte lediglich aus den Erläuterungen zum freiheitlichen Parteiprogramm aus dem Jahr 1958 abgeschrieben.[21]

Doch im Alter von 16 Jahren stand Jörg Haider damit politisch eigentlich schon an einem Ende. Er hing einem Konzept nach, das keine Chance auf Verwirklichung hatte. Haiders Publikum, jugendliche Schwärmer wie er, drohte sich aufzulösen. Und er träumte den Traum einer Generation, den selbst diese schon verbittert abgelegt hatte.

Die kleine Gemeinde Bad Goisern, in der Jörg Haider am 26. 1. 1950 zur Welt kam, liegt in einer Berg- und Seenlandschaft im inneren Salzkammergut. Bad Ischl, die seinerzeitige Sommerfrische Kaiser Franz Josephs, ist mit dem Auto zehn Minuten entfernt. Jahrhundertelang wurden die Bewohner dieser Hofdomäne der Habsburger in faktischer Leibeigenschaft gehalten. Ohne höchste Genehmigung durften sie we-

---

20 profil 36, 1982

21 Die politische Lage, heißt es da, habe die Nationalen vor neue Aufgaben gestellt: „Die vornehmste dieser Aufgaben ist die Abwehr aller Bestrebungen, die auf eine Loslösung Österreichs vom Deutschtum gerichtet sind. Wir haben in den deutschen Österreichern das Bewußtsein wachzuhalten, ein Teil des deutschen Volkes mit allen sich aus dieser Zugehörigkeit ergebenden Rechten und Pflichten zu sein."

der zuwandern noch fortziehen. Dafür mußten sie nicht zur Armee einrücken. Die Wälder und die Berge gaben ihnen Arbeit. Sie waren Salzsieder oder kaiserliche Förster. In den Tälern am Fuße des Dachsteinmassivs setzte sich die Gegenreformation nie durch. Bad Goisern ist heute eine der ältesten protestantischen Pfarren in Österreich. Sie stammt noch aus dem 17. Jahrhundert. Solange es demokratische Wahlen gab, war der Bürgermeister von Bad Goisern ein Sozialdemokrat. Es muß von den Goiserern daß besondere Niedertracht empfunden worden sein, daß die klerikalen Austrofaschisten im Ständestaat von 1934 bis 1938 einen Katholiken ins Rathaus setzten.[22]

In dieser kleinen Welt, in der ein rebellischer Geist – vielleicht aufgrund der Abgeschiedenheit – reiner, puristischer zutage trat als anderswo, kam der Volksmund auf die originelle Idee, die Wohngebiete nach Symbolen der politischen Gesinnung zu benennen. In den unruhigen Jahren zwischen den Weltkriegen zerfiel die 7.000-Einwohner-Gemeinde in drei scharf voneinander getrennte Gesinnungsbezirke. Das Marktviertel nannten die Goiserer „Berlin", den Ortsteil Posern „Moskau" und die austroklerikalen Wohngebiete „Rom". Die Haider-Familie lebte in „Berlin".

Die illegalen Nationalsozialisten sammelten sich Ende der zwanziger Jahre um den protestantischen Pfarrer Johann Neumayer. Der Gottesmann vollzog allerdings später, als Österreich schon längst „heim ins Reich" gefunden hatte, einen scharfen Gesinnungswandel. Er sei offensichtlich der Meinung gewesen, so meldete das Gendarmeriepostenkommando im Jahr 1942, „mit der Machtergreifung durch den Nationalsozialismus wird alles Katholische ausgerottet und

---

22 Süddeutsche Zeitung-Magazin, 15. 12. 1995

sein Stand wird als lachender Dritter dastehen".[23] Nun sei die „innere Unzufriedenheit" des Pastors unübersehbar, und mit kleinen Unbotmäßigkeiten unterlaufe er immer wieder die Anordnungen der braunen Machthaber. Jörg Haider jedenfalls wurde katholisch getauft.

Rebellisch war nicht der Sohn, sondern der Vater. Robert Haider kam 1914 als uneheliches Kind zur Welt. Der Vater war Gastwirt in Mondsee, die Mutter heiratete bald nach Steyr in eine Gerber-Familie ein. Der Großvater, ein Fleischermeister, der sich in den Wirtshäusern für die Hitler-Bewegung starkmachte, erbarmte sich des Enkels und nahm ihn zu sich. Robert Haider absolvierte die Volks-und Bürgerschule und arbeitete dann beim ortsansässigen Schuster als Schuhmacher-Lehrling.

Mit kaum 15 Jahren trat Robert Haider der Hitlerjugend bei. Provokant stolzierte er in der Einheitsadjustierung der illegalen Nationalsozialisten – in weißen Kniestrümpfen und Windjacke – vor dem Gendarmerieposten auf und ab. Die NSDAP war schon im Frühjahr 1933 verboten worden, nachdem die Christlich-Sozialen das Parlament aufgelöst und ein autoritäres, klerikales Regime installiert hatten. Es waren unruhige Zeiten. Die Sozialdemokraten probten im Februar 1934 den Aufstand, der blutig niederschlagen wurde; sie wurden ebenfalls in den Untergrund verbannt.

In Bad Goisern stiegen die Hakenkreuzler nachts in die Jochwand auf und malten ihr Emblem unübersehbar auf den Fels. Sie schmierten „Juda verrecke" an die Mauern, und wenn sie ertappt wurden, landeten sie meist für einige Zeit im Gemeindekotter. Der einzige ortsansässige Jude, der Besitzer des Parksanatoriums, Dr. Anselm Horowitz, ein Cousin von

---

23 ebd.

Simon Wiesenthal, galt als Zugereister und blieb daher unbehelligt.

Eines Tages wurde auch Robert Haider bei einer Schmieraktion erwischt und sollte in das Bezirksgericht nach Bad Ischl verfrachtet werden. Auf dem Weg zum Bahnhof gelang es ihm, sich loszureißen. Er floh über die grüne Grenze nach Bayern, wo sich seinesgleichen zur „Österreichischen Legion", einer SA-Truppe illegaler Nationalsozialisten, formiert hatte, die auf deutschem Boden auf bessere Zeiten wartete.

Als „Schuhmachergeselle, der als einer der ersten nach drüben gegangen ist" hat Robert Haider nicht nur in die Akten der Staatsanwaltschaft, sondern auch in die Literatur Eingang gefunden. In dem Roman „Der Föhn bricht ein", schreibt Franz Kain, Kommunist und Goiserer, von den Wirrungen und Irrungen der dreißiger Jahre – als in ein und derselben Familie der Vater seiner sozialdemokratischen Partei treu blieb, ein Sohn Kommunist wurde und ein anderer zu den Nationalsozialisten ging. Einig war man sich nur gegen die katholische Heimwehr, die Pfaffen und die Reichen, aber sonst vermischten sich die Standpunkte. In geheimen Treffen der verbotenen Kommunisten brüteten die Jugendlichen in abgegriffenen hektografierten Studienblättchen über Lehrsätzen von Karl Marx. Anderntags liefen sie in die Wälder, wo die Hitlerjugend das Exerzieren übte. In einem Haushalt waren bisweilen die illegale „Rote Fahne" und der illegale „Notschrei" versteckt. Ein Abenteuer und riskant war beides. „Nicht jeder, der bei einem Abenteuer mitmacht, weiß, daß es nur ein Abenteuer ist, das ist eine alte Geschichte"[24], sagt eine der jugendlichen Romanfiguren altklug.

Etwas ähnliches könnte auch Robert Haider gedacht haben, als er 1945 in der Entnazifizierungskommission einem

---

24 Franz Kain, Der Föhn bricht ein, Weitra o. J., S. 17

österreichischen Beamten gegenübersaß und fürchten mußte, vor ein Gericht gestellt und zum Tode verurteilt zu werden.

Robert Haider war 18 Jahre alt, als er dem Ruf der SA
folgte. Von Deutschland aus entwickelten die Stäbe der SA
Putschpläne, um die Nationalsozialisten auch in Österreich
an die Macht zu bringen. Am Tag X sollte die Bevölkerung
durch bewaffnete Demonstrationen der illegalen, aber zahlreich vorhandenen Nationalsozialisten eingeschüchtert, Gendarmerieposten und öffentliche Gebäude besetzt und das
Kanzleramt in Wien gestürmt werden. Dann hätte die Stunde der Legionäre geschlagen. Sie sollten, von der deutschen
Reichswehr bewaffnet und ausgebildet, nach Österreich ein-
marschieren und einen Aufstand auslösen.

Bundeskanzler Engelbert Dollfuß brach in den Mittags-
stunden des 25. Juli 1934 im Wiener Kanzleramt blutüberströmt zusammen. Eine Hundertschaft SS-Männer hatte
den Ballhausplatz gestürmt, das Feuer eröffnet und nun setzten sie dem Sterbenden zu, noch schnell einen Parteigänger
der Nationalsozialisten zu seinem Nachfolger zu ernennen.
Dollfuß verweigerte die Unterschrift. Der Putsch war gescheitert. Die nationale Erhebung der vielen Illegalen in Kärnten,
Oberösterreich und der Steiermark war ausgeblieben.

Robert Haider und seine Kameraden standen in diesen
Stunden im deutschen Grenzgebiet Gewehr bei Fuß. Auf Be-
fehl eines deutschen SA-Kommandanten mit dem schönen
Namen Geister stießen sie in der Nacht vom 26. auf den
27. Juli im Gebiet der Mühlviertler Grenzgemeinde Koller-
schlag nach Österreich vor. Sie wußten nicht, daß der Putsch
schon gescheitert war. Es waren junge Männer ohne Frau,
Kind und Arbeit. Auch ein sozialdemokratischer Schutz-
bündler, der ein halbes Jahr vorher noch beim Februarauf-
stand gekämpft hatte, war mit von der Partie. Robert Haider

war der Jüngste in der Gruppe. Sie stürmten ein Zollhaus, hißten die Hakenkreuzfahne und wurden in die Flucht geschlagen. Zweimal stießen sie in dieser Nacht der sinnlosen Kämpfe auf österreichisches Gebiet vor. Zwei von ihnen und ein österreichischer Revierinspektor kamen dabei ums Leben.

„Da hob ma an Toten g'hobt, dann san's wieder zurückgang'n und dann ist der Zollbaum wieder obagmocht worden und dann woar der Spaß vorbei. Einer ist erschossen worden. Da war i net dabei, net"[25], stammelte Robert Haider verwirrt, als er Jahrzehnte später von einem Journalisten mit den Polizeiprotokollen konfrontiert wurde.

Der mißglückte Putsch hatte die Spannungen und Eifersüchteleien zwischen der österreichischen SA und der aufstrebenden SS angeheizt. In Hitlers Sturmabteilung hatten sich vor allem junge, klassenkämpferisch gesinnte Heißsporne gesammelt. Besonders von den Legionären waren jetzt Umsturztöne gegen das Bonzenwesen und das „ganze feine Gesocks da droben" zu hören. Adolf Hitler hatte anfangs Massenerschießungen angeordnet. Die allzu revolutionäre SA hatte die deutschen Biedermeierseelen in den Monaten vom März 1933 bis zum Juni 1934 zutiefst beunruhigt. Die SA stand Hitlers Übereinkommen mit der Wehrmacht im Weg.

Robert Haider, der von einem Einheimischen erkannt worden war, überwinterte in Bayern. Es blieb ihm gar nichts anderes übrig. In Österreich stand er auf einer Fahndungsliste. Er leistete einen zweijährigen Militärdienst, trat formell der NSDAP bei und arbeitete anschließend bei der Firma Agfa in München. Nach der „Heimkehr" seiner Heimat in das Reich tauchte er im März 1938 als Rädchen der braunen

---

25 profil-Archivmappe, Kollerschlag-Dokument, 30. 8. 1995, Tonbandabschrift

33

Machtmaschine in Linz wieder auf. Er wurde „Gaujugend-walter" der „Deutschen Arbeitsfront", ein eher unbedeuten-der Funktionär der Einheitsgewerkschaft. Zwei Jahre später war er für das Regime schon entbehrlich und mußte seiner Jugend in den Schützengraben folgen.

Mehrfach an West- und Ostfront verwundet und mit Ei-sernen Kreuzen ausgezeichnet, wurde Robert Haider in den letzten Kriegsjahren noch zum Leutnant befördert. Bei einem seiner Aufenthalte in Linz lernte er die damals 27jährige Bannmädchen-Führerin Dorothea Rupp kennen. Sie heirate-ten 1945, noch während des Krieges. Im selben Jahr wurde die Tochter Ursula geboren. Es war eine ungewöhnliche Ver-bindung.

Dorothea Rupp stammt aus einem großbürgerlichen, natio-nalen Elternhaus. Ihr Vater, Karl Rupp, war Gynäkologe und Primararzt am Linzer Allgemeinen Krankenhaus. „Ein Welt-bürger", wie Jörg Haider einmal stolz bemerkte, der ein Jahr lang als Schiffsarzt auf den Weltmeeren gesegelt war und ein Jahr vor Ausbruch des Ersten Weltkriegs in London eine Pra-xis eröffnet hatte. Der Krieg verschlug den Arzt an die Dolo-mitenfront. Im Lazarett von Bruneck lernte er die Rot-Kreuz-Helferin Hermine Webhofer kennen. Sie heirateten im Kriegsjahr 1917. Im Jahr darauf kam Dorothea Rupp zur Welt.

Die Webhofers sind eine alteingesessene Südtiroler Kauf-manns-Dynastie. Sie besaßen eine Textilmanufaktur, handel-ten mit Lebensmitteln und Eisen und verfügten über ausge-dehnte Liegenschaften. Ein Onkel von Dorothea Rupp er-warb im November 1941 das Kärntner Bärental.

Zwischen den zwei Weltkriegen führten die Webhofers in Bruneck ein großes Haus. Notgedrungen: Hermine Webho-fer, verehelichte Rupp, war eines von zehn Kindern. Nachdem der erste Weltkrieg zu Ende und Südtirol italienisch geworden war, zog es Karl Rupp zurück nach Linz; Frau und Tochter folgten 1923. Die Tochter, Dorothea Rupp, ging in Linz bei den Ursulinen in die Schule und war eine ernsthafte, fleißige Schülerin. Sie war 18 Jahre alt, als der Vater starb. Sie wurde eine glühende Nationalsozialistin.

Bad Goisern, Bad Ischl und Bad Aussee waren im letzten Kriegsjahr ein Zentrum des bewaffneten Widerstands. Die illegale Arbeit dort gestaltete sich schwierig. Denunziationen standen an der Tagesordnung. Denn auch das Netz an NS-Funktionären war hier besonders dicht, da das Salzkammergut zur „Alpenfestung" ausgebaut werden sollte. Im April 1945 gab es einen späten Fliegerangriff. Hohe Offiziere flüchteten. Die Ortschaften wurden von Flüchtlingen überschwemmt. Ausgebombte Deutsche und Wiener, jugoslawische, polnische und russische Zwangsarbeiter, Faschisten aus Ungarn, jüdische Überlebende der Todesmärsche und KZ-Häftlinge aus Ebensee hatten sich hier nach ziellosen Fußmärschen gesammelt. Man hungerte. Man aß das Fleisch verwesender Pferde. Das Standrecht wurde verkündet. An den Fenstern des Gemeindeamtes von Bad Goisern wurde die weiße Flagge gehißt, wieder eingeholt und wieder angesteckt.

Der expressionistische Schriftsteller Arnolt Bronnen, der in den zwanziger Jahren mit Bert Brecht, aber auch mit Josef Goebbels befreundet war, wohnte im Frühjahr 1945 im Haus der Haiders, ehe er in die DDR ging und Kommunist wurde. Trotz des Vaterschaftsprozesses, den Bronnen angestrengt hatte, um nicht als Jude zu gelten, war seine Arbeit beim nationalsozialistischen Rundfunk in Berlin immer schwieriger geworden. 1942 hatte er sich nach Bad Goisern abgesetzt und sich dem Widerstand angeschlossen. Nach Kriegsende war er

zwei Monate lang sogar Bürgermeister von Bad Goisern.[26]
Dorothea Haider ist heute noch gerührt, wenn sie das „Bron-
nen-Mädel", Franziska Bronnen, die Schauspielerin in München ist, im Fernsehen sieht.

Die unmittelbare Nachkriegszeit war bitter. Robert und Dorothea Haider, der Gaujugendwalter und die Bannmädchen-
führerin, hatten ihre Wohnung in Linz verloren und mußten
nach Bad Goisern zurück. Das Häuschen, das sie für kurze
Zeit mit den Bronnens teilen mußten, war eine Keusche, die
sie in den Jahrzehnten danach Stück um Stück ausbauten.
Jahrelang wohnte die Familie in zwei Zimmern.

Robert Haider wurde im Frühjahr 1945 im Bezirksgericht
von Bad Ischl inhaftiert. Viele Jahre später erzählte er Günther
Winkler, einem Freund der Familie, daß er damals wegen seiner Putschbeteiligung im Jahr 1934 liquidiert werden hätte
sollen: „Der Beamte von der Entnazifizierungskommission redete lang mit ihm und kam offenbar zur Auffassung, daß das
ein gutmütiger, idealistischer Mensch ist. Auf die Frage, wie er
jetzt darüber denke, sagte Haiders Vater: ‚Was soll ich sagen.
Nur ein dummer Esel geht ein zweitesmal aufs Eis.'"

Was hätte er auch sonst sagen können, sinniert Winkler.
„Er hätte ja nicht sagen können, da war nix."[27]

Robert Haider kam in das Lager von Glasenbach, „in dieses KZ"[28], wie Dorothea Haider zu sagen pflegte. Sie wurden
schließlich beide als „minderbelastet" eingestuft.

In einem Arbeitslager im nahen Ebensee, einer Außenstel-
le des Konzentrationslagers Mauthausen, hatten die Wach-

---

26 Friedrich Aspetsberger, Arnolt Bronnen. Biographie, Wien 1995,
   S. 674f.
27 Gespräch mit Günther Winkler am 1. 7. 1999
28 profil-Archivmappe, Kollerschlag-Dokument, 23. 5. 1995, Tonbandabschrift

mannschaften der SS bis zum letzten Tag Zehntausende von Arbeitssklaven angetrieben, in eine Bergflanke ein tiefes Tunnelsystem für eine Raketenversuchsanlage zu brechen. Als die SS abzog, hinterließ sie einen Leichenberg. Die amerikanischen Befreier karrten nun aus der ganzen Umgebung die „Ehemaligen" heran, kleine Nazi-Funktionäre und Parteimitglieder, damit die Menschenopfer zumindest beerdigt werden konnten. Auch Robert Haider hob in diesen Tagen Massengräber aus. Die Aktion war auch als Demütigung gedacht. Sie blieb im Gedächtnis haften. Mutter Dorothea mußte in einem ehemaligen Kinderheim der Volkswohlfahrt Putzarbeiten verrichten. Sie hat später Freunden erzählt, wie entwürdigt sie sich vorkam. Jüdische Tuberkulosepatienten hätten ihr den Auswurf direkt vor die Füße gespuckt und sie als „Nazi-Sau" beschimpft.

Robert Haider fand dann Arbeit in einer Schuhfabrik, Dorothea Haider, Lehrerin, durfte lange Zeit nicht unterrichten.

Es muß schwer gewesen sein für die beiden, sich in Bad Goisern, wo jeder die Vergehen des anderen kannte, eine neue Existenz aufzubauen. Man traf sich im engsten Kreise derer, die auch dabeigewesen waren. Die Männer saßen in den Wirtshäusern, um zu reden. Der Haider-Vater, so erzählt man heute noch hinter vorgehaltener Hand, soll sich früher, als er noch ins Wirtshaus ging und trank, an manchen Abenden „Heil Hitler" grölend auf der Straße wiedergefunden haben. Doch das ist vielleicht Bad Goiserner Jägerlatein. Wer Interesse hat, kann heute noch beim Flohmarkt am Goiserer Hauptplatz NS-Abzeichen mit Hakenkreuzen erwerben. Sie liegen nicht offen auf, sie sind unter Tüchern versteckt.[29]

---

29 Bericht von Alice Epler und Graham Scott anläßlich eines Besuches in Bad Goisern am 26. 7. 1999

Nach dem Krieg wünschte die Verwandtschaft, daß sich Dorothea Rupp von Robert Haider scheiden lasse. Doch die ehemalige Klosterschülerin blieb stur. Als ob sie den Verwandten nun erst recht etwas zu beweisen hätte, führte sie ein strenges Regiment, weil aus den Kindern einmal etwas werden sollte.

Jörg Haider hat im familiären Umkreis mehr gelernt als das übliche Repertoire ehemaliger Nationalsozialisten, die sich einer Umgebung anpassten mußten, in dem etwa die Leugnung des Holocaust unter Strafe gestellt ist. Haiders Elternhaus könnte man sich wie eine Versuchsstation vorstellen, in dem die Sensibilität für Stimmungen und Klassenunterschiede, für oben und unten, Täter und Opfer, den einzelnen und den Staat, erlaubte und verbotene Worte bis zur Perfektionierung erlernt werden konnten.

Vor allem konnte er sich hier die Kunst des Möglichen aneignen – was noch erlaubt ist, aber auch schon aus dem Rahmen fällt – und von daher Aufmerksamkeit auf sich zieht. Diese Kunst gilt für manche nicht zufällig als die höchste Kunst in der Politik.

Jörg Haider war von klein auf eines jener Kinder, die von Tanten und Onkeln gern auf den Schoß genommen werden, weil sie zum Anbeißen süß sind. Auch noch später, größer geworden und ein bißchen pummelig, saß er herzig aus. Hellbraune Locken, muntere Augen, ein liebes Lachen, etwas vorwitzig vielleicht. Aber respektvoll.

Unsere Nachbarn, erzählte die Mutter stolz, haben ihn schon immer sehr gerne gemocht. Den alten Frauen im Ort habe er beim Überqueren der Straße geholfen und ihre Einkaufstaschen geschleppt. Eine Zeitlang war Klein-Haider leidenschaftlich beim Tierschutzverband engagiert. Er kam mit verletzten Vögeln und Kätzchen nach Hause, und wenn sich irgendwo ein einsamer Kettenhund heiser bellte, gab er keine Ruhe, bis etwas unternommen wurde. Er war ein lebhaftes, forderndes Kind, das seiner älteren Schwester Ursula, die auf ihn aufpassen mußte, „sehr oft auf die Nerven ging". „Er war halt von klein auf schon immer so was wie ein Chef", sagt Ursula Haubner.[30]

Die Famlie wohnte in ihrem bescheidenen Haus gemeinsam mit Robert Haiders Halbschwester. Zu ebener Erde wohnten die Haiders mit ihren Kindern Ursula und Jörg, im ersten Stock die Verwandtschaft.

Viel lieber hielt sich der Mittelschüler Haider jedoch in den gediegen ausgestatteten Wohnungen seiner Schulfreunde in Bad Ischl auf. Deren Väter waren Ärzte oder Anwälte oder Geschäftsinhaber, gut verdienende, arrivierte Honoratioren im Ort. Hier war man streng deutschnational gesinnt. Der junge Haider fühlte sich sehr wohl in den besseren Kreisen. Seiner sozialen Herkunft dürfte er sich in diesen Jahren geschämt haben. Während die Buben in allen möglichen Häusern zu Gast waren, habe der Jörg sie nie zu sich eingeladen, sagt ein ehemaliger Schulfreund. Haiders Eltern gaben sich alle Mühe, in der Kleidung oder beim Jausenbrot ihrer Kinder keine Unterschiede zu den anderen erkennen zu lassen.

Mit Bruneck und dem großen Haus der Südtiroler Verwandten sind Jörg Haiders schönste Kindheitserinnerungen verbunden. In den Ferien beim Onkel gab es mehr Taschengeld als üblich. Im Winter konnte er gratis schifahren. Die Webhofers waren die reichen Verwandten, die Haiders dagegen arme Schlucker. „Robert Haider hat mich oft gebeten", sagt der ehemalige FPÖ-Obmann Friedrich Peter, „ob er sich das Dienstauto von der FPÖ ausleihen dürfe, um mit der Familie

---

30 Die ganze Woche 27, 1991, Gespräch mit Ursula Haubner am
   12. 7. 1999

zur Verwandtschaft zu fahren."[31] Man wollte nicht zeigen, daß man nicht einmal ein Auto besaß.

Daheim in Bad Goisern war der Grundwiderspruch zwischen den zwei Welten in eine armselige Hütte verbannt. Die gebildete Mutter, die mehrere Sprachen spricht und Nachhilfeunterricht in Latein gab, und der Vater, gelernter Schuhmacher, der auf einem Motorroller durch die Dörfer fuhr und Parteibeiträge einkassierte. „Das sind Klassenunterschiede" sagt Ursula Haubner, und es sei doch faszinierend, daß es die Eltern „bei dieser Unterschiedlichkeit so lange und so gut miteinander ausgehalten haben".[32]

Sie hatten nicht viel, aber sie wollten die Kinder unbedingt auf eine höhere Schule schicken. Das Bad Ischler Gymnasium war eine Privatschule mit Öffentlichkeitsrecht. Die Schule war im inneren Salzkammergut auf Initiative vieler Eltern, denen die Reise ihrer Kinder in die Gmundner Mittelschule zu aufwendig war, gegründet worden. Das Schuldgeld betrug 240 Schilling monatlich. Um den Betrag aufzubringen und auch für das spätere Studium der Kinder nahmen die Haiders einen Kredit beim Onkel Webhofer auf.

Die sogenannten „Fahrschüler" aus den Kleingemeinden des inneren Salzkammergutes, zu denen Haider gehörte, empfanden sich als sozial unterprivilegiert im Vergleich zu den Ärzte-und Akademikerkindern aus Bad Ischl. „Der Jörg hatte den brennenden Ehrgeiz, aus seinem engen sozialen Milieu auszubrechen", sagt ein ehemaliger Klassenkamerad, der mit ihm gemeinsam die Matura ablegte. „Er wollte um jeden Preis den Armeleutegeruch loswerden, der uns damals anhaftete."[33]

---

31 Gespräch mit Friedrich Peter am 26. 3. 1999
32 Gespräch mit Ursula Haubner am 12. 7. 1999
33 Süddeutsche Zeitung-Magazin, 15. 12. 1999

Robert Haider hatte vom damaligen Parteiobmann Friedrich Peter einen schlecht bezahlten Job als Parteisekretär bekommen. Der Vater war oft in Angelegenheiten der FPÖ unterwegs, die Erziehung der Kinder oblag der Mutter. „Die Mutti", sagte Haider einmal, „ist eine sehr pflichtbewußte Frau." Schon als Volksschüler habe er von ihr gelernt, die Zeit gut einzuteilen: „Wenn wir heimgekommen sind, habe ich mit meinem Cousin, der im ersten Halbstock gewohnt hat, zuerst einmal die Aufgaben gemacht. Die anderen wurden dauernd von ihren Eltern reingeholt und gefragt: ‚Habt's schon die Aufgaben gemacht?' Wir haben uns das erspart."[34] So fehlte der Haider-Bub hin und wieder, wenn seine Schulkameraden im Wald Indianer spielten. Haiders Mutter, sagen die wenigen guten Freunde von früher, sei von „schneidenem Geist" gewesen, und Jörg Haider habe sie „verehrt und gefürchtet". Über den Vater, sagen sie, habe er eher verächtlich geredet.

Furcht und Verachtung sind Obsessionen, die nicht viel Platz für etwas Eigenes lassen. Jörg Haider suchte also Anschluß an die besseren Ischler Kreise, Familien mit Namen und Geld. Der Weg in diese Welt führte über die Schülerverbindung „Albia". Die Arztkinder und Anwaltssöhne waren zumeist Mitglieder beim Turnerbund und bei der Albia. „Wenn man dazugehören wollte", sagt Ursula Haubner, „dann mußte man dort dabei sein."[35] Es dauerte nicht lange, bis sich Jörg Haider in diese hermetischen Zirkel eingereiht hatte. Dort wurde er schnell anerkannt. Die alten Herren, die dort das Wort führten, „haben ihn mehr als alles andere geprägt", glaubt ein Schulkamerad. Er würde sogar sagen, „die haben ihn verhunzt."

34 profil 20, 1989
35 Gespräch mit Ursula Haubner am 16. 7. 1999

Es stand noch eine zweite Burschenschaft zur Wahl, die katholisch orientierte „Wildenstein". Selbstverständlich standen die beiden Burschenschaften in heftiger Konkurrenz zueinander. „Als wir in der Albia angefangen haben, waren wir in meiner Klasse nur vier", erzählte Haider einmal stolz, „am Schluß waren es dann zwölf."[36] Er sei eben schon immer ein unglaublich talentierter Menschenfischer gewesen, sagen die damaligen Mitstreiter.

Unter Aufsicht der alten Herren wurde Bier getrunken und gefochten. Sie sorgten auch für die politische Bildung. Sie führten die Jungen auf einen Weg, den sie selbst nicht mehr gehen konnten. Die Buben fochten so, daß ihnen im Prinzip nichts passieren konnte – mit Stierkopf, einer Schutzvorrichtung. Wer sich etwas zuschulden kommen ließ, eine Regel brach, bekam von der Gruppe Ausgehverbot, durfte nicht mit in die Berge. Die alten Herrn achteten auf Zucht und Ordnung.

Einem von Haiders Schulkameraden, Thomas Huemer, gefiel die Albia auch besser als die Wildenstein. Eines Tages aber, nachdem Jörg Haider seinen ganzen Charme und seine Überredungskünste aufgebraucht hatte, gestand Huemer, er wolle zwar fechten, aber nicht Mitglied werden. Die Freundlichkeit des Jörg Haider erlosch daraufhin augenblicklich. Huemer bekam zu hören, daß er „keine Ehre und keinen Standpunkt" habe. Er durfte nicht mehr auf die Bude.

Haider war damals schon tonangebend in der Albia. Seinen Vorgänger, Wolfgang Jung, heute noch „Wowo" genannt und FPÖ-Abgeordneter zum Nationalrat, hatte er bald ausgestochen. „Wowo" soll ihm auch danach noch „hündisch ergeben" gewesen sein.

Jung war sonst ein hitziger Kerl. Wie viele andere kam er

---

36 Süddeutsche Zeitung-Magazin, 15. 12. 1995

aus einem extrem nationalen Elternhaus. Er machte den Eindruck, sich dieser Sache hundertfünfzigprozentig verschrieben zu haben. Er soll mit Feuereifer gestritten und einem Kameraden schon mal vor Zorn an die Kehle gefahren sein, wenn der seine Überzeugung nicht teilen wollte.

Jörg Haider war anders. Nicht, daß ihm nationale Ideale weniger wichtig gewesen wären. „Ehre, Treue, Reinheit, oder willst du vielleicht, daß deine Tochter einmal einen Neger heiratet? – So haben wir damals geredet", erinnert sich Huemer.[37] Doch wenn es nichts zu gewinnen gab, wandte sich Haider ab. Er hatte großen Erfolg in diesem kleinen, abgegrenzten Zirkel von Gleichgesinnten, der die Burschenschaft, den Turnerbund, die Lehrerschaft, die Eltern und die Verwandtschaft nicht überschritt.

Auf der Bude der Albia gab es für Trockenübungen eine Vorrichtung aus Stroh, das sogenannte Paukermandl. An dem wurden die vier Grundpositionen des Fechtsports geübt. Zu Haiders Zeiten war an diesem Strohmann monatelang eine Binde befestigt, auf der „Simon Wiesenthal" geschrieben war. Vielleicht auch „Simon Wiesenthal, der Jude". Das könnte Thomas Huemer nicht mehr beschwören.

Haider kann sich daran nicht erinnern. „Antisemitismus, also das war nie ein Thema. Bei uns nicht, nein wirklich nicht. Ich hab' da wirklich ein entspanntes Verhältnis."[38]

Die Erinnerung ist ein selektives Seelenorgan. „In der Zweiten Republik konnten wir absolut keine Antworten auf unsere Fragen finden"[39], erinnert sich ein Jugendfreund Haiders, der ihm sehr lang die Treue hielt. Der damals 16jährige

---

37 Gespräch mit Thomas Huemer am 21. 4. 1999
38 Gespräch mit Jörg Haider am 16. 7. 1999
39 Süddeutsche Zeitung-Magazin, 15. 12. 1995

Hoteliersohn Helmut Peter gehörte auch zu diesem Kreis, in dem die Alten ihre Geschichte erzählten. Häufig wurden Lieder angestimmt, in denen sie gelobten „treu wie deutsche Eichen" zu sein, und im Chor in die Nacht hinausriefen: „Wir wollen das Wort nicht brechen, wollen predigen und sprechen vom heiligen deutschen Reich!" An schulfreien Tagen schulterten sie ihre Rucksäcke und marschierten hinauf zur Postalm, die drei, vier Wegstunden hoch über dem Wolfgangsee liegt. Dort brüteten sie nächtelang über der Zukunft ihrer Heimat. Sie waren Schwärmer. Ihre Köpfe steckten voller Ideen, wie das verhaßte System mit seinen opportunistischen Eliten überwunden werden könnte. Ihre Eltern und die alten Herren der Albia waren meist Parteimitglieder der Nationalsozialisten gewesen. Von denen hörten sie lange Vorträge über die verbannte „Wahrheit", die ihre Phantasie aufreizte.

Wie war es rein technisch möglich, sechs Millionen Juden zu ermorden, und wie geschah das im einzelnen? Was waren das für Menschen, die sich wie die Schafe zusammentreiben und einsperren ließen? Warum half den Juden niemand von den Feinden Deutschlands, die doch allemal in der Lage waren, Deutschland zu besiegen? Und was hatten sich die Juden zuschuldenkommen lassen, daß sie keiner mochte? Warum waren alle begeistert gewesen vom Nationalsozialismus und warum wollten sie heute nicht mehr daran erinnert werden?

„Wir glaubten nicht, was mit den Juden angeblich passiert sein soll"[40], sagt Peter heute. Die Buben wußten natürlich genau Bescheid – über die drei Jüdinnen, die in Bad Ischl wohnten. Und denen war doch auch nichts passiert.

Jörg Haider war radikaler, als seine Eltern es sein durften. Immerhin mußte die FPÖ, der sich die Eltern Haiders im

---

40 Gespräch mit Helmut Peter am 23. 3. 1999

Nachkriegsösterreich verschrieben hatten, schon auf ihrem zweiten ordentlichen Bundesparteitag im Jahr 1957 eine Absage an die „unheilvolle Vergangenheit" formulieren.[41]

In der Schule glänzte Haider als Klassensprecher und Vorzugsschüler. Die weniger Fleißigen konnten jeden Morgen im Zug von Bad Goisern nach Bad Ischl vom „Jörgl" noch schnell die Hausaufgaben abschreiben. Jörg Haider war ein Musterschüler, der erklärte Liebling seiner Lehrer, ein kleiner Prinz, und im Jahr 1966 einer von dreien, die mit Auszeichnung die Matura schafften. „Unsere Lehrer waren ganz vernarrt in ihn"[42], sagt Huemer.

Der Schulgründer des Bad Ischler Gymnasiums, ein konservativer Katholik, der in der NS-Zeit verfolgt worden war, wollte, wie man in Österreich so gerne sagt, keine Gräben aufreißen. Direktor Franz Witek war Jahrzehnte danach noch stolz darauf, die Zeitgeschichte „aus der Schule herausgehalten" zu haben. Bei einer der ersten Lehrerkonferenzen im Jahr 1953 war dies mündlich vereinbart worden. Witek glaubte, auf diese Art das Problem der „hochaktiven deutschnationalen Lehrerschaft an der Schule" gelöst zu haben.[43]

Mit wenigen Ausnahmen war das Lehrpersonal konservativ und großdeutsch. Jörg Haiders Klassenvorstand, Gertrude Greinecker, war ein FPÖ-Mitglied der ersten Stunde und mit Haiders Eltern gut bekannt. Auch sie war ein ehemaliges NSDAP-Mitglied. Haiders Deutsch- und Englischlehrerin war FPÖ-Mitglied, BDM-Führerin und in der Arbeitsgemeinschaft nationalsozialistischer Studentinnen aktiv gewesen.[44] Ihrem Liebling Jörg ließ sie bei Theateraufführungen

41 Kurt Pieringer, Die Geschichte der Freiheitlichen, Wien 1982, S. 12
42 Gespräch mit Thomas Huemer am 21. 4. 1999
43 ebd.
44 profil 20, 1989

immer die Hauptrolle zukommen. Er habe ja auch, sagt Thomas Huemer, „irrsinnig lieb ausgeschaut. Eine Freud für jeden Lehrer, fleißig und angepaßt". Und er sei „ein begeisterter und vor allem irrsinnig guter Schauspieler" gewesen, der auch seine Feinde in den Bann gezogen habe.[45]

Haider baute mit seiner Deutsch-Lehrerin Antonie Trampusch eine Theatergruppe auf. Der Vierzehnjährige gab den Zwirn in Nestroys „Lumpazivagabundus", den Fortunatus Wurzel in Raimunds „Bauer als Millionär". Auch in Hermann Bahrs „Konzert" wurde ihm die Hauptrolle anvertraut. Es habe eine Phase gegeben, wo er ernsthaft überlegte, die Schauspielerei als Beruf zu wählen, sagte Haider später. Den Berufswunsch Schauspieler mußte ihm die Mutter anschließend wieder ausreden.

Der Administrator und Finanzchef der Schule war ein begeisterter Burschenschafter und alter Nationalsozialist. Ein Jahr lang wurde Haider sogar von einem direkten Verwandten in Geschichte unterrichtet: Karlheinz Rupp war der Bruder seiner Mutter, Burschenschafter und ehemaliger Nationalsozialist.

Der brennende Ehrgeiz und die Kontrolle der Mutter ließen Jörg Haider über Jahre hinweg Klassenbester sein. In dieser Rolle war er einmal gefährdet. „Nein Jörgl, jetzt bist Du nicht mehr der Beste", sagte Haiders Klassenvorstand eines Tages und stellte bei der Zeugnisverteilung einen anderen Buben heraus. „Das muß ihn ziemlich gewurmt haben" erinnert sich Thomas Huemer, „obwohl ich, als ich rausging, zu ihm sagte: ‚Geh Jörgl, im nächsten Jahr bist es eh wieder'". So war's dann auch. Huemer war keiner der Fleißigen und Braven, er war bloß aus einer Schule nach Bad Ischl gewechselt, in der man mit dem Lehrstoff schon viel weiter vorangekommen war.

---

45 Gespräch mit Thomas Huemer am 21. 4. 1999

Ein Jahr darauf hatte Huemer sogar große Schwierigkeiten. Eine Nachprüfung in Latein mußte bestanden werden. Für den Buben brach damals eine Welt zusammen, aber nicht wegen des läppischen Schulversagens, sondern weil sich sein älterer Bruder das Leben genommen hatte. Er war schizophren gewesen, und sie hatten einander sehr gemocht. Das alles geschah sechs Wochen vor dem sogenannten „Nachzipf", und Huemer schleppte sich eher teilnahmslos zur Prüfung. Da geschah etwas Seltsames. In diesen letzten Sommertagen, an denen außer den Prüfern und den Geprüften noch niemand an der Schule war, trieb sich der 16jährige Haider vor dem Schultor herum. „Er muß mich richtig abgepaßt haben. Es war ja noch keine Schule und als ich herauskam, fragte er mich: ‚Na, wie is es Dir gegangen?' – ‚Ich bin durch.' – Haider: ‚Brauchst aber nicht stolz darauf sein, bist eh nur durch, weil sich dein Bruder, der Narrenhäusler, aufg'hängt hat.'"[46]

Es wäre dies nicht mehr als die unbedeutende Geschichte eines dummen und herzlosen Jugendlichen, würde sie nicht ein Licht auf Haiders Charakter werfen, würde sich nicht in Haiders späterem Leben dasselbe Muster immer wieder durchsetzen. Als sein ehemaliger Jugendfreund Helmut Peter die FPÖ aus politischen Gründen verließ, warf Haider ihm vor, er habe „Angst gehabt, eine Mensur zu fechten"[47] und sich nur deshalb vom deutschnationalen Lager entfernt.

Man muß annehmen, daß Jörg Haider in diesen Kategorien denkt: daß er also die Menschen nach seinen Wertmaßstäben in Sieger und Verlierer einteilt. Für einen Politiker, der in einem demokratischen Land logischerweise nicht immer gewinnen kann, ist das eine gefährliche Geisteshaltung.

46 ebd.
47 Der Standard, 10. 8. 1993

Thomas Huemer, der Zeuge von früher, hat seine Geschichte lange für sich behalten. Wenige Schulfreunde wissen davon. Er hat den Politiker Haider sogar zweimal gewählt, weil „das Persönliche das eine ist und das Politische das andere". Und weil er es gut fand, wenn einer den Mächtigen „die Zähne zeigt".

Nach vielen Jahren, in denen er den Weg des ehemaligen Klassenkameraden beobachten konnte, würde er das eine vom anderen nicht mehr so scharf trennen. „Haider ist geltungssüchtig, machtgierig und einsam. Er spürt nicht, daß die Lawine, die er in Gang bringt, ihn selber vernichten wird", sagt Huemer.[48]

Für den Mittelschüler Haider waren die Welten innerhalb und außerhalb der Schule eine kompakte Einheit. Seine Hauptbezugsperson war die Mutter, eine, wie Haider sagt, „sehr intellektuelle, konsequente Persönlichkeit". Sie war auf Pflicht und Ordnung aus und trieb die Kinder zum Lernen an. „Die Mutti war die Strenge, der Vati war der Gute. Er hat mich gleichberechtigt behandelt", erklärte Haider einmal seine Beziehung zu seinen Eltern.[49]

„In diesem Elternhaus", sagt Friedrich Peter, „gab es viel Disziplin, viel innere Ordnung." Sie hatten, sagt er in einer altmodisch anmutenden Sprache, „gelernt zu verrichten".[50] Über die Eltern Haiders will auch der Hotelierssohn Helmut Peter „nichts, aber schon gar nichts kommen lassen. Die Mutter ist brillant, der Vater ein netter Kerl." Der Erbe des Weißen Rössl am Wolfgangsee bewundert „das Kunststück, wie sich die Haiders mit mühseliger Arbeit wieder derrappelt

48 Gespräch mit Thomas Huemer am 21. 4. 1999
49 profil 20, 1989
50 Gespräch mit Friedrich Peter am 26. 5. 1999

haben. Im Hause Haider war Schmalhans Küchenmeister."[51]
Nur wenige Freunde wußten das.

Aus dem Hotelierssohn spricht in solchen Sätzen jedoch nicht nur die Bewunderung für eine fremde, um die nackte Existenz ringende Welt. Es gehörte zum Ehrenkodex dieser Kinder, die Elterngeneration, „die ja alle Nazis gewesen sind, zu verteidigen". Helmut Peter war auch ein Kind von Ehemaligen. Sie zollten ihren Eltern Respekt dafür, daß sie sich nicht opportunistisch an die neue Zeit angepaßt hatten.

Wenn der Politiker Haider heute bei Neujahrsempfängen, wichtigen Parteitagen oder öffentlichen Geburtstagsfeiern seine Brandreden hält, sitzen die Eltern stets auf einem Ehrenplatz, und wenn es der Raum zuläßt, spricht Haider Auge in Auge mit seiner Mutter. Während der mittlerweile hoch in den Achtzigern stehende Vater charmant in die Runde schaut oder sich seinem Bier widmet, ist die Mutter hochkonzentriert bei der Sache. Sie drückt die Daumen, sie scheint mitzuzittern, ob der Sohn wohl nicht den Faden verliert und ob seine Pointen den erhofften Applaus bekommen. Sie nickt bestätigend, als wolle sie ihn anfeuern. Als sei der Politiker, der da draußen steht, ihr Produkt – von seinen Anhängern geliebt und bewundert. Sie ist es auch, die den, möglicherweise geschwätzigen, allzu freundlichen und nicht neinsagen-könnenden Gatten mit eiserner Hand von Journalisten fernhält.

Haiders Eltern sagen heute, von den Greueln des Nationalsozialismus hätten sie „nichts gewußt". Dorothea Haider: „Aber die haben uns alle zu Verbrechern gestempelt, weil wir immer nur unsere Pflicht getan haben. Wir haben doch keine Ahnung gehabt von den Konzentrationslagern. Ich muß Ihnen ehrlich sagen, das hab ich erst 1945 überhaupt mitge-

---

51 Gespräch mit Helmut Peter am 23. 3. 1999

kriegt, aus der Zeitung gelesen. Wir haben gewußt, daß Mauthausen ein Lager ist. Da haben wir halt gemeint, dort sind Kriminelle. Und alle haben das mit *dem* akzeptiert."[52] Mit dem Juden wollte sie wohl sagen.

Einer amerikanischen Besucherin soll Robert Haider vor mehreren Jahren gestanden haben: „Ich bereue nichts. Ich würde der Sache wieder dienen."[53]

---

52 profil-Archivmappe, Dorothea + Robert Haider, 23. 5. 1995, Ton-bandabschrift
53 Süddeutsche Zeitung-Magazin, 15. 12. 1995

Der blinde Fleck

Kurz vor der Nationalratswahl im November 1995, als es mit der FPÖ nicht zum Besten stand, versuchte ein Journalist der deutschen Wochenzeitung „Die Zeit", dem Leser vorzuführen, wie sich Jörg Haider wieder einmal einer kritischen Auseinandersetzung mit den Verbrechen des Nationalsozialismus entzieht.[54] Zu diesem Zweck konfrontierte er ihn mit einer Aussage aus dessen Buch „Die Freiheit, die ich meine".

Haider hatte darin der Kirche und den Sozialdemokraten vorgeworfen, daß auch sie im Jahr 1938 für den „Anschluß" Österreichs ans Dritte Reich gewesen waren, obwohl „nach heute verbreiteter Geschichtsauffassung jedem hätte klar sein müssen, daß es sich nur um das abscheulichste Verbrecherregime handeln konnte".

Da läuten die Alarmglocken. Da denkt man an Buchreihen suspekter Verlage, an die „verbannte Wahrheit", geschrieben von unverbesserlichen Ingenieuren und selbsternannten Historikern, die nachweisen wollen, daß es keine Gaskammern und keinen Holocaust gegeben hat.

„Was heißt das: nach heute verbreiteter Geschichtsdarstellung?" hakte der Journalist nach. „War es nun ein ‚abscheuliches Verbrecherregime' oder nicht?" Haider rückte sich in seinem unbequemen Designersessel ein wenig zurecht, lächelte überlegen, wie er es immer tut, wenn man ihn nach solchen Dingen fragt, und gab zur Antwort, es gehöre „anerkannterweise zu den Geschichtslügen der Zweiten Republik, daß sie

---

54 Die Zeit 50, 1995

1938 alle gegen den Anschluß gewesen seien." Das sage selbst der Schriftsteller Robert Menasse, der nun „wirklich ein Linker" sei.

Der Journalist ließ sich nicht beirren. Er wähnte sich auf der rechten Fährte und insistierte: „Was soll die Einschränkung? War das Regime verbrecherisch oder nicht?" Haider lächelte noch immer. „Heute wird es so dargestellt, als seien sie damals alle gegen den Anschluß gewesen. Aber das entspricht nicht den historischen Tatsachen."

Der Journalist kam zum Schluß, daß Jörg Haider mit solchen Antworten auf Fragen, die niemand gestellt hat, mit doppelbödigen Aussagen und zündelnden Anspielungen in Österreich groß und berühmt geworden sei. Nun, vielleicht muß man ein gelernter Österreicher sein – der „Zeit"-Journalist war ein solcher – um den doppelten Boden nicht sehen zu wollen, auf dem sowohl Frage als auch Antwort beruhten.

Haider war es um das „Jedem hätte klar sein müssen" gegangen. Und das war es seiner Erfahrung nach nicht.

Haiders Erfahrungen sind die seiner Eltern. „Was hat der schon gewußt?" sagt Haider über seinen Vater: „Der hat gehört, da draußen geht's bergauf, gibt's Arbeit, Einkommen und Zukunft. Herinnen war das Elend, eine Diktatur. Am Sonntag haben sie melden müssen, daß sie in die Kirche gehen. Die Jungen wollten sozial aufsteigen. Da waren sie gesellschaftlicher Abschaum. Dort sind sie über Nacht jemand gewesen. Sie haben eine Arbeit gehabt, gut verdient und waren plötzlich in einer angemessenen Lebensart"[55].

Ursula Haubner, Haiders Schwester, hat im Alter von 17 Jahren angefangen, bohrende Fragen zu stellen. Sie wollte verstehen, warum die Eltern „so begeisterte Nationalsozialisten gewesen waren und warum sie diese furchtbaren Dinge

---

55 Gespräch mit Jörg Haider am 16. 7. 1999

nicht gewußt haben". Die Diskussionen mit den Eltern seien oft „sehr kontrovers" verlaufen. Der kleine Bruder, so glaubt sie sich zu erinnern, war bei diesen Debatten nicht dabei.[56]

Wenn Ursula Haubner die Fragende war, dann war Jörg Haider zweifellos ein geduldiger Zuhörer.

Das schwierige Eingeständnis, daß sich das ‚erste Opfer' Hitlers auch als Täter begreifen hätte müssen, ist in der „offiziösen" österreichischen Geschichtsbetrachtung, wie Haider sie auch zu nennen pflegt, durch die terminologische Fixierung auf den Begriff „Befreiung" jahrzehntelang verhindert worden. Die Frage nach der Verstrickung der Österreicher in das Regime des Nationalsozialismus wurde damit tabuisiert. Auf diese Ambivalenz wird Haider aber immer nur durch die reflexhafte Empörung seiner Gegner gestoßen.

Die Geschichtslosigkeit, mit der man hierzulande über die „dunklen Zeiten" hinwegredete, haben einen Opfer-Mythos entstehen lassen, in dem sich jeder wiederfinden konnte: die Sozialdemokraten, die Christlich-Sozialen und sogar die vielen NSDAP-Mitglieder, sofern sie nach 1945 bei einer der beiden Staatsparteien wieder anheuerten, und natürlich der österreichische Staat als solcher, der ja sieben Jahre lang überhaupt nicht existiert hatte. Opfer zu sein ist in diesem Lande immer schon eine bequeme Existenzform gewesen. Von den wirklichen Opfern war allerdings kaum die Rede.

Doch wo ein Opfer ist, muß auch ein Täter sein. Und ein besserer als Jörg Haider ist kaum vorstellbar: Uneinsichtig, frech, immer zur Provokation bereit und mit der Erbschaft einer Partei belastet, die historisch aus der Interessensvertretung der Tätergesellschaft entstanden war. Jörg Haider mußte im Laufe seines politischen Lebens sehr oft alle Eide schwören, daß er den Nationalsozialismus verurteile. Vielleicht war

---

56 Gespräch mit Ursula Haubner am 12. 7. 1999

er es in der oben beschriebenen Interview-Situation leid, sich wieder einmal das Bekenntnis abringen zu lassen, daß „es" ein Verbrecherregime gewesen ist.

Wahrscheinlich aber empfindet Haider ein anderes Verbrechen für schwerwiegender: Daß alle jene mit dem Finger auf ihn zeigen dürfen, deren geistige oder leibliche Väter damals auch dabeiwaren. Neben dem tiefen Verständnis für die sozialen Gründe der Hitler-Bewegung pflegte man im Hause Haider vor allem das Ressentiment gegen die Ehemaligen, die in einer der beiden Staatsparteien Unterschlupf gefunden hatten. Man unterschied nicht, ob dies aus Überzeugung oder aus Opportunismus geschehen war. Sie galten als Verräter.

„Diejenigen, die früher hochrangige Nazis waren", sagt Haider, „waren nach dem Krieg auf einmal die größten Widerstandskämpfer und haben auf die hinuntergetreten, die im Prinzip, so wie meine Eltern, nicht zur Führungselite des Nationalsozialismus gehört haben. Die großen Nummern des Nationalsozialismus sind rechtzeitig zur ÖVP und zur SPÖ gegangen und nahmen den minderbelasteten Kriegsheimkehrern sogar das Wahlrecht, damit man sie nicht als Verräter abwählen konnte."[57]

Haider kann sich nicht vorstellen, daß jemand aus anderen als opportunistischen Gründen seine Ansichten ändert, Fehler zugibt oder sogar bereut. Dieses Grundmuster tritt immer wieder auf.

Ganz sicher – er hat das im Laufe seiner politischen Karriere hinlänglich bewiesen – bringt Haider keinen Satz über die Lippen, der einem ehemaligen Soldaten der deutschen Wehrmacht, seinem Vater etwa, die Ehre und das Verdienst absprä-che. Er wähnt sich dabei besonders mutig, doch diese Hal-

---

57 Gespräch mit Jörg Haider am 16. 7. 1999

tung hat nichts Exklusives an sich. Die Aufspaltung des NS-Regimes in die saubere Wehrmacht und in die Verbrechen in den Konzentrationslagern ist die wahrhaft weit verbreitete Geschichtsauffassung. In der Stammtischversion hört sich das so an: Der Führer hat schon alles richtig gemacht. Nur gar so viele Leute hätte er auch wieder nicht umbringen müssen. Haider sagt: „Die Behandlung der Juden, die Vernichtung der Juden war der wirkliche Sündenfall des Nationalsozialismus".[58]

Der Mythos der sauberen Wehrmacht wurde in Deutschland und Österreich jahrzehntelang nicht angekratzt. Es ist noch nicht lange her, daß eine Wanderausstellung zu diesem Thema ungeheure Aufregung verursachte. Kameradschaftsbund und andere Traditionsverbände traten erbost auf den Plan. Anschläge wurden angekündigt. Kaum ein Politiker wagte es, den Ehrenschutz zu übernehmen. Öffentliche Subventionen wurden versprochen, die Versprechen wurden wieder zurückgenommen. Ausstellungsräume wurden zugesagt und waren plötzlich zugunsten anderer Zwecke unabkömmlich.

So kamen in der Bundeshauptstadt die leerstehenden Räume der „Alpenmilchzentrale" zu unerwarteten Ehren. Die Alpenmilchzentrale war der einzige Ort, an dem die Schautafeln mit den Wehrmachts-Fotografien von Judenmassakern, Massenerschießungen, Gehenkten und Gedemütigten aufgestellt werden durften.

Der freiheitliche Parteichef gehörte zu denen, die am lautesten protestierten. Eine „manipulierte G'schicht"[59] war das für ihn. Eine sogenannte „Feuerrede" bei einer Sonnwendfeier im kärntnerischen Vassach widmete er dieser Ausstel-

58 ebd.
59 ebd.

lung, „wo plötzlich den jungen Menschen eingeredet werden soll, daß ihre Großeltern und ihre Eltern nicht tapfere und anständige Soldaten gewesen sind, sondern Verbrecher gewesen sind."[60] Es ist eine Ironie der Geschichte, daß der Eifer, mit dem Jörg Haider landauf, landab vor dieser Ausstellung warnte, ihn schließlich ernsthaft in Schwierigkeiten brachte.

Eines Tages im Oktober 1995 sah sich Haider in jene euphorische Stimmung versetzt, die sich nach Applaus, Autogrammstunden, Jubel und devoten Bittstellern jedesmal seiner bemächtigt.

Spät abends fand er sich in einem Saal in Krumpendorf wieder. Holzbänke und Holztische waren in Reihen aufgestellt, Frauen in weißen Blusen und Männer mit Krawatte hatten den Saal gefüllt. Jörg Haider kam auf die Bühne und gab einen seiner Glanzauftritte. „Diese Ausstellung", knüpfte er dort an, wo sein Vorredner aufgehört hatte, sei auch der Grund, warum er persönlich glaube, daß man „ein Gegengewicht setzen muß", damit „die Jugend eine Zukunft in einem Gemeinwesen hat, in dem auch Ordnung, Gerechtigkeit und Anständigkeit noch Prinzipien sind, die zur Durchsetzung gebracht werden". Mit treuherzigem Respekt vor dem erfahrenen Alter sprach er von den „anständigen Menschen", die „ihrer Überzeugung treu geblieben" sind, eine Menge „durchgemacht", aber auch Entscheidendes „für uns bewahrt" haben. Er sprach von Beschmutzern der eigenen Elterngeneration und davon, daß „ein Volk, das seine Vorfahren nicht ehrt, sowieso zum Untergang" verurteilt sei.[61]

Vielleicht war er verwundert, daß sein Vater nicht auch in der ersten Reihe saß, aber im Geiste war der Vater wohl dabei,

---

60 „Feuerrede", 17. 6. 1995, Vassach, Kärnten, Abschrift
61 profil 52, 1995. Protokoll einer Vernaderung. Am Beispiel der Waffen-SS-Diskussion, Schnell-Info der FPÖ, Folge 30/96, S. 10–13

und Jörg Haider sagte, daß „auch meine Eltern morgen wieder oben, am Ulrichsberg, sein werden, wie es zur Tradition gehört. Aber uns beschimpfen sie eh schon, daher ist das völlig egal." Haider zitierte dann noch Wilhelm Busch: „Ist der Ruf erst mal ruiniert, lebt es sich ganz ungeniert."[62] Der Saal lachte fast schon hysterisch, worauf Haider einschränkte, er lebe nicht ungeniert, aber es sei besser so, wenn die Karten am Tisch lägen.

Die Eltern waren am nächsten Tag tatsächlich wieder „oben", am Ulrichsberg, einer alljährlichen Kärntner Gedenkveranstaltung von Weltkriegsveteranen. Seit 1959 ist der bewaldete Felsmugel nördlich von Klagenfurt jedes Jahr im Oktober für Außenstehende der Schauplatz einer gespenstischen Szenerie. Alte Männer stehen stramm unter Wehrmachtsflaggen und Wappenzeichen. Gebrechliche werden dabei von ihren Kameraden gestützt, der Traditionsverband der Waffen-SS tritt stolz auf wie anno dazumal. Vor dem meterhohen Kreuz wird eine Messe gelesen, und Kärntner Politiker jeder Couleur halten Festreden. Es ist eine trotzige Gemeinschaft, zu der auch Robert Haider mit seinem „Schutzverein der älteren Generation", hinter dem sich die österreichischen Legionäre verbergen, selbstverständlich gehört.

Von der Belobigung der SS-Männer in Krumpendorf berichtete die deutsche Fernsehanstalt ARD kurz vor den österreichischen Nationalratswahlen. Sie zeigte auch ein Amateurvideo eines Hamburger Teilnehmers, das ihnen zugespielt worden war. Der ORF zögerte und brachte den Bericht erst nach dem Wahlsonntag.

Ein Schrei der Empörung brach los, den Haider bis heute nicht verstehen will. Im Prinzip, sagt er, habe er keinen Fehler

---

62 profil 52, 1995

57

gemacht. Ob es auch klug gewesen sei, sei eine ganz andere Frage. Er stehe dazu, daß die Lebengeschichte dieser Menschen nicht „als einziges Verbrecheralbum" hingestellt werde. Vielleicht sei es manchmal „mißverständlich" gewesen, daß er nicht darauf geachtet habe, den richtigen Akzent auf die Systemkritik gegen den Nationalsozialismus und die Diktatur zu setzen. Aber er dürfe offenbar vieles nicht tun, „was andere schon dürfen". Wenn er am Ulrichsberg sitze, erzeuge das einen Aufruhr in den internationalen Medien. Wenn der amtierende Landeshauptmann dort sei und der Bischof eine Messe lese, „passiert gar nichts".[63]

Haider hat nicht ganz unrecht. Was Jörg Haider in Krumpendorf sagte, hatte er sinngemäß am Ulrichsberg schon unzählige Male vorgetragen: „Ihre Opfer sollen nicht umsonst gewesen sein" – „Laßt Euch nicht beirren" – „Sie alle ragen heute heraus wie ein Fels im Meer".[64]

Doch das Treffen am Vorabend der Ulrichsbergfeier war ein geschlossenes Treffen der ehemaligen Waffen-SS gewesen, die sich als Eliteeinheit der Wehrmacht und so wie die gesamte SS als Avantgarde des Nationalsozialismus verstand. Dort saßen keine alten Männer, die einmal zur Wehrmacht hatten einrücken müssen, sondern jene, die sich freiwillig zur SS gemeldet hatten und offenbar auch fünfundfünfzig Jahre später noch stolz darauf waren.

Nachdem er seinem Parteivorstand unter Androhung des Rücktritts eine Soldaritätserklärung abgepresst hatte, zog sich Haider um die Jahreswende 1995/96 für einige Wochen ins Bärental zurück. In den Zeitungen war von einer „Winterdepression" zu lesen.

Auch die Nationalratswahlen in diesem Jahr waren nicht

---

63 profil 11, 1999
64 Kärntner Nachrichten, 10. 10. 1985

gut verlaufen. Das erste Mal hatte die FPÖ unter Jörg Haider Stimmen verloren. Es war ein stark polarisierender Wahlkampf gewesen. Die ÖVP hatte im Herbst 1995 die Zusammenarbeit mit den Sozialdemokraten vorzeitig aufgekündigt. Die Auffassungsunterschiede darüber, wie der Staatshaushalt saniert werden sollte, waren angeblich unüberbrückbar. Auch taktische Überlegungen hatten dazu geführt. Zum Zeitpunkt des Absprungs aus der Koalition lag die ÖVP in den Meinungsumfragen so gut, daß sie sich Chancen ausrechnete, die SPÖ zu überholen. Die Freiheitlichen wurden in diesem Wahlkampf nicht so stark beachtet wie sonst. Wie ein roter Faden zog sich bloß Haiders fragwürdige Eignung zum Staatsmann durch die Medien. Er sah sich in eine passive Rolle gezwungen.

Jörg Haider, der es gewohnt ist, alle Blicke auf sich zu ziehen, neigt in solchen Situationen zu krampfhaften Versuchen, trotzdem zu gewinnen. Das macht ihn fehleranfällig. Das führt ihn nach Krumpendorf. Das läßt ihn auch noch nach der letzten Stimme fischen. Das wirft ihn zurück auf „Zusammenhänge, die bei ihm in einer gewissen Weise primitiv-natürlich verhaftet sind", wie Haiders Doktorvater Günther Winkler sagt.[65]

Es sei halt ein Termin von vielen gewesen, die Draufgabe eines langen Tages Abends, glauben die Parteifreunde, die nicht wahrhaben wollen, daß Haider in dieser Hinsicht unbelehrbar ist. Haider verteidigte sich damals nach einer ersten Schrecksekunde damit, daß auch der deutsche Kanzler Konrad Adenauer die Waffen-SS als Teil der regulären Wehrmacht betrachtet habe. Daß diese Organisation beim Nürnberger Prozeß als „verbrecherische Organisation" definiert worden war, wollte er gar nicht glauben.

---

65 Gespräch mit Günther Winkler am 1. 7. 1994

Die Soldatengeneration ist Haiders blinder Fleck. Als er in Kärnten Landeshauptmann war, aber auch jetzt, wo er es wieder ist, weigert er sich, an Kärntner Widerstandskämpfer, die bei den Partisanen gewesen sind, Ehrenzeichen für die Verdienste um die Republik Österreich zu verleihen. Dafür hat er sich spitzfindige Argumente zurechtgelegt. Haider hält sie für „Verräter", weil sie „nicht nur Hitler, sondern den eigenen Waffengefährten geschadet haben".[66]

Nur wenn jemand aus ehrlicher Überzeugung in einem diktatorischen Regime desertiert und sich in Kriegsgefangenschaft begibt, dann könne er das akzeptieren. Als im Parlament die nachträgliche Rehabilitierung der Wehrmachtsdeserteure beschlossen wurde, führte er jedoch die schwierige Beweisführung gegen eine Rehabilitierung ins Treffen – übrigens auch die schlechte Vorbildwirkung für die heutige Jugend. In diesen Fragen, sagt Winkler, „wird er nie über seinen Schatten springen."[67]

Nach der geschichtlichen Gestalt gefragt, die er am meisten verachte, nannte Haider einmal Churchill und Stalin.[68] Wenn die Nennung Stalins – noch vor Hitler – als der übliche Antikommunismus durchgehen mag, so ist die Nennung des britischen Premierministers, der Hitlers Angebot ausschlug, ihm die Expansion nach dem Osten freizugeben und dafür die unbeschränkte Herrschaft über die Meere und Küsten zu erhalten, mehr als verräterisch. Englands Hartnäckigkeit störte damals nicht nur Hitlers Zeitplan – er mußte einen Zweifrontenkrieg führen –, sondern war letztlich der Grundstein für Deutschlands militärische Niederlage. Man könnte

---

66 profil 11, 1987
67 Gespräch mit Günther Winkler am 1. 7. 1999
68 Kleine Zeitung, 29. 1. 1989

darüber nachdenken, ob in Haiders Kopf vielleicht sogar die alte NS-Ideologie herumspukt, wonach die Engländer von den Nazis als „arische Herrschaftsrasse" gesehen wurden, die Engländer aber den Einflüsterungen der jüdischen Finanzmacht erlegen wären.

Haiders Aussagen in diesem Punkt besitzen jedenfalls eine gewisse Kontinuität, die von den Konjunkturen der Abgrenzung vom Nationalsozialismus bis heute unberührt geblieben ist.

Haider kann oder will nicht sehen, daß großes oder kleines Unrecht nahezu jedem Menschen anhaftet, der damals gelebt und sich in die Verhältnisse gefügt hat. Es ist eine österreichische Besonderheit, daß jedermann im Prinzip weiß, welche Betroffenheitsadjektive eingeflochten und welche Distanzierungsfloskeln verwendet werden müssen, um nicht anzuecken. Haider hat sich dem immer verweigert. Er sagt, er will damit „diejenigen herausfordern, die so besonders scheinheilig auftreten".[69] Diese Haltung führt bisweilen zu grotesken Argumentationsmustern. Als die FPÖ in den achtziger Jahren mit den Sozialdemokraten eine Koalition bildete, kam der freiheitliche Verteidigungsminister auf die Idee, die Bundesheersoldaten im ehemaligen Konzentrationslager Mauthausen anzugeloben. Friedhelm Frischenschlager führte pädagogische Gründe dafür ins Treffen. Es steckte wohl auch der persönliche Wunsch dahinter, als besonders liberal und antinational zu gelten. Für Jörg Haider, damals Landesrat in Kärnten, war das ein „Verbrechen am Bundesheer". „Mauthausen", so begründete er seine Kritik, sei „eine Angelegenheit der politischen Abteilungen, der NSDAP"[70] gewesen. Die Militärs hätten damit „nichts zu tun gehabt". Später

---

69 Gespräch mit Jörg Haider am 16. 7. 1999
70 Wochenpresse 42, 1983

dann, wurde im Rahmen der Republiksfeiern im ehemaligem Konzentrationslager Mauthausen eine Gedenkveranstaltung abgehalten. Jörg Haider weigerte sich, daran teilzunehmen, wiewohl man sagen muß, daß auch die Minister der österreichischen Bundesregierung dort nicht allzu zahlreich vertreten waren.

Im Fall der Wiederkehr des Walter Reder, einem verurteilten Kriegsverbrecher aus dem Zweiten Weltkrieg, der später begnadigt und aus der italienischen Haft nach Österreich heimgeholt wurde, fielen 1983 die charakteristischen Haider-Worte: „Sein Schicksal hätte jeden unserer Väter ereilen können."[71] Reder war, wie Haides Vater, bei der SA und einer der österreichischen Legionäre gewesen.

Haider lehnt es bis heute ab, den ehemaligen SS-Offizier, der von seinen Anhängern fälschlicherweise gern Major genannt wird, einen Kriegsverbrecher zu nennen. Für ihn war er ein Soldat, der „seine Pflicht getan" hat. Die Debatte über den Fall Reder vollzog sich übrigens im Rahmen einer besonderen Doppelmoral. Schon Bruno Kreisky hatte sich für die Freilassung Reders eingesetzt und sich zu diesem Zweck sogar mit dem italienischen Kommunistenchef Enrico Berlinguer getroffen. Kreisky schreibt in seinen Memoiren, daß ihm dieser Mann, der seine Mutter, die in Gmunden begraben wurde, vor ihrem Tod nicht noch einmal sehen konnte, „leid tat". Selbst Rosa Jochmann, die sozialdemokratische Widerstandskämpferin – Kreisky nennt sie „das moralische Gewissen Österreichs" – hatte für Reder ein Wort eingelegt.[72] Der sozialdemokratische Außenminister Leopold Gratz hatte Frischenschlager gebeten, Reder vom Flughafen abzuholen. Ein Handschlag war freilich nicht vereinbart worden. Im Aus-

---

71 Kärntner Nachrichten, 14. 2. 1985
72 Bruno Kreisky, Der Mensch im Mittelpunkt, Wien 1996, S. 236

land, besonders in Israel, wurde die symbolische Geste des Handschlags mit Entsetzen aufgenommen. Mit „besonderer Bestürzung" aber registrierte man dort, daß Reder in Österreich eine Pension erhielt, worüber in stiller Übereinkunft aller Parteien ein Mantel des Schweigens gebreitet wurde.[73] Ein ÖVP-Nationalratsabgeordneter stellte Reder Wohnung und Arbeit zur Verfügung. Ein Jahr nach diesem Skandal trat Frischenschlager zurück. Kreisky sagte später, man hätte jeden zu dieser Aufgabe heranziehen können, „nur keinen Mann der FPÖ".[74]

Mit seiner pauschalen Verteidigung der Väter geraten Haiders Äußerungen über den Nationalsozialismus zwangsweise immer wieder in ein schiefes Licht. Zeitweise changiert er zwischen Anbiederung und Provokation. Das eine verursacht bei seinen Gegnern ein erleichtertes, aber unbefriedigtes Aufatmen, das andere bringt Schlagzeilen, auch internationale.

In diesem Punkt gleicht die Auseinandersetzung mit ihm einer Spirale, die sich in immer neue Höhen schraubt und nie zu einem Ende kommt.

Seitdem Jörg Haider als 24jähriger, ehrgeizig wie kein anderer, die politische Bühne betreten hat, kämpft er gegen das Reglement der Begriffe, für eine Umwertung der Werte, wo ihre Differenzierung angebracht wäre. Doch er ist bestenfalls ein Aufklärer wider Willen.

Als Jugendlicher, so kann man annehmen, sah er keinen anderen Weg, mit den Doppelcodierungen von Niederlage und Befreiung zurechtzukommen. Als Erwachsener hat er es darin zur Meisterschaft gebracht, den Finger auf die Wunden der anderen zu legen. Das hat er mit dem jahrzehntelang ge-

73 Die Presse, 15. 2. 1985
74 Bruno Kreisky, Der Mensch im Mittelpunkt, Wien 1996, S. 236

pflogenen offiziellen Umgang Österreichs mit seiner Vergangenheit gemeinsam – nur eben spiegelverkehrt.

Es ist allerdings auch bemerkenswert, wie schnell sich Haider den Usancen anpassen kann, wie er beim Eintritt ins Establishment sich diesem anverwandelt, wie er plötzlich Töne anschlägt, die er bisher immer angeprangert hatte. „Wir Österreicher sind nicht für den Geschichtsabschnitt verantwortlich, der vor der Wiederentstehung Österreichs war", hieß es plötzlich ein paar Tage nach den erfolgreich geschlagenen Kärntner Landtagswahlen.[75] Die österreichischen Nachkriegspolitiker hätten ihm sicher recht gegeben. Heute wird das nicht einmal mehr in offiziellen Regierungsstatements gesagt. Auf diese Haider-Äußerung folgte übrigens kein empörter Aufschrei.

Haider behauptete damals auch kühn, daß er sich nie schwergetan habe, über den Nationalsozialismus zu reden. Er wolle sich nur nicht dem Zuruf der politisch Korrekten unterwerfen.[76] Wenn er normal reden könne, „ohne, daß es darum geht, mir irgendwo g'schwind wieder was anzuhängen", tue er sich leichter, sagte er.

Doch im Protest gegen den Bekenntniszwang kann er schamlos-zynische Attitüden nicht ablegen. Als ihn ein Fernsehjournalist der italienischen TV-Station RAI am 8. April, dem Tag seiner Angelobung im Landtag, fragte, ob er sich vorstellen könne, Auschwitz zu besuchen, sagte Haider: „Ich lebe in einem freien Land und kann gehen, wohin ich will. Das ist meine Entscheidungsgrundlage." Die Italiener wollten zuerst gar nicht glauben, was die Übersetzerin ihnen mitteilte. Dann packten sie irgendwie befriedigt ihr Zeug ein. Sie hatten den Haider bekommen, den sie erwartet hatten. „Ich

---

75 profil 11, 1999
76 ebd.

lasse mir doch nicht im Finale meines politischen Lebens von einem dahergelaufenen RAI-Journalisten irgendwelche Vorschriften machen", sagte Haider später.[77] – „Je mehr man ihn drückt", erklärt Günther Winkler die Funktionsweise seines Schützlings, „desto ungeschickter und patscherter wird er. Er sagt dann: Ich lasse mich doch nicht demütigen, nicht steinigen."[78]

Der frühere freiheitliche Parteiobmann Friedrich Peter war Anfang der siebziger Jahre von Kreisky auf einen Staatsbesuch nach Polen mitgenommen worden. Sie besuchten das ehemalige Vernichtungslager Auschwitz. Peter, der ehemalige SS-Obersturmbannführer, kniete sich hin und sagte, er verstehe jetzt, „daß Menschen hier nicht vergessen können". Haider tut diese Geschichte verächtlich ab. „Peter hat sich jahrelang hinter der Soldatengeneration versteckt und dann ist er, um es sich zu richten, als der große Bereuer aufgetreten."[79]

Es steckt mehr dahinter als die Lust an der Provokation und den schreckgeweiteten Augen der Gesprächspartner. Eine merkwürdige Kälte und Unpersönlichkeit schlägt immer wieder durch, wenn Haider über den Nationalsozialismus reden muß. Eine Unempfindlichkeit, die wohl einen Schutzwall darstellen soll gegen den Vorwurf, er und seine Familie seien schuld an etwas und hätten etwas zu sühnen.

Jenes denkwürdige „profil"-Interview aus dem Jahr 1985,[80] in dem Jörg Haider zu den Verbrechen des Nationalsozialismus die Worte „Vorgänge, (...) die nicht zu akzeptieren sind" eingefallen sind und in dem er sich erst auf Nachfra-

---

77 Gespräch mit Jörg Haider am 16. 7. 1999
78 Gespräch mit Günther Winkler am 1. 7. 1999
79 Gespräch mit Jörg Haider am 16. 7. 1999
80 profil 8, 1985

ge des Interviewers zu den Worten „Wenn Sie wollen, dann war es halt Massenmord" durchrang, fand nach Haiders Erinnerung in einer „sehr komplizierten" Situation statt. Der damalige „profil"-Chefredakteur Helmut Voska hatte gleich eingangs die provozierende Frage gestellt, ob man in diesem Winkel Österreichs, in Kärnten, noch mit „Grüß Gott" grüßen dürfe, oder ob etwa schon „Sieg Heil" angebracht wäre. Er sei sich auch im Unklaren, sagte Voska, ob er jenem Haider gegenübersitze, der ihm noch vor einigen Jahren erklärt hatte, „ein ehemaliger SS-Mann hätte nichts an der Spitze einer demokratischen Partei zu suchen." Oder einem anderen Haider, der wie die „Reinkarnation eines HJ-Rotzbuben des Jahres 1938" wirkte. Haider tat sein Bestes, um letzteres zu bestätigen. Zuerst wollten ihm keine NS-Verbrecher einfallen, dann weigerte er sich, auch nur darüber nachzudenken, weil er die Vergangenheit doch „längst bewältigt" habe. Was denn in den Konzentrationslagern passiert sei? fragte Voska. „Die bekannten Vergehen gegen die Menschenrechte." Auf die Frage, warum seiner Meinung nach die Nationalsozialisten Millionen Menschen ermordet haben, antwortete Haider: „Weil sie nicht mit dem politischen System übereinstimmten." Haider wollte offenbar nicht wahrhaben, daß Menschen vernichtet wurden, weil sie Juden waren. Sooft sich Haider auch später bemühen sollte, Juden zu den berühmten guten Freunden oder sogar Parteigängern zu machen, so sehr scheut er sich bis heute, das Wort auszusprechen.

Zwei Jahre nach diesem Interview, das einen so fürchterlichen Eindruck hinterlassen hatte – Haider war in der Zwischenzeit zum Bundesparteivorsitzenden aufgestiegen –, bemühte sich dann Peter Michael Lingens mit eher schulmeisterlichen Methoden, den Parteiführer auf den richtigen Weg zu bringen. „Ich habe mich damals nicht sehr geschickt ausgedrückt", biederte sich Haider Lingens gegenüber an. Er habe ja eigentlich nur sagen wollen, daß es keine Kollektivschuld und keine Sippenhaftung von Angehörigen seiner Generation geben könne. Diesmal wollte er es „unmißverständlich" formulieren: „Die Verbrechen, die in Auschwitz oder Treblinka begangen worden sind, waren Massenmord."[81] Lingens bemühte sich dann noch äußerst geduldig, Haider klarzumachen, daß man die Verbrechen des Nationalsozialismus nicht mit der Bombardierung Dresdens gleichsetzen könne. Lingens versuchte sogar, mit einem Beispiel aus dem privaten Bereich den Unterschied zwischen Angreifer und Verteidiger klar zu machen. Zunächst blieb Haider stur. Zur Notwehr sei nur der berechtigt, dozierte der gelernte Verfassungsjurist, der ‚unmittelbar bedroht' ist. Die Bombardierung Dresdens durch die Engländer sei aber über eine „Notwehrüberschreitung hinausgegangen". Nur auf der moralischen Ebene eines verständlichen Rachegefühls konnte er sich schließlich mit Lingens treffen. Am Ende ließ er sich noch die Äußerung entreißen, daß die „Massenmorde an Juden mit Kriegsverbrechen der Alliierten nicht in einem Atemzug genannt werden dürfen, weil sie nicht die Folge eines fürchterlichen Krieges waren, sondern dem Rassenwahn des NS-Staates entsprungen sind. Dafür gibt es keine Rechtfertigung." Lingens erzählte später einmal, wenn das Interview so erschienen wäre, wie Haider es gegeben hatte, hätte es einen Eklat ausgelöst. Haider hatte im Laufe des vielstündigen Gesprächs alle seine Positionen revidiert.

Das Interview hatte für Haider trotzdem weitreichende Folgen. Der Chef der neonazistischen Partei, Norbert Burger, der in den frühen sechziger Jahren noch bei der FPÖ gewesen war, schrieb an „Haider persönlich" einen zehnseitigen

81 profil, 16. 3. 1987

Schimpfbrief. Haiders Aussagen über den „Massenmord" waren für Burger eine unerhörte Provokation. In Burgers Kreisen leugnet man üblicherweise die Existenz von Vernichtungslagern oder schwächt deren mörderische Effektivität ab. Dieses Interview, sagte auch der freiheitliche Ex-Nationalratsabgeordnete Otto Scrinzi, habe „sehr viele Leute vor den Kopf gestoßen. Da waren ein paar große Unrichtigkeiten drin."[82]

Man arrangierte ein Versöhnungstreffen. Der Kärntner Psychiater und Erbtheoretiker Otto Scrinzi stellte sein Haus zu Verfügung. Kriemhild Trattnig, die Tochter eines hochrangigen Nationalsozialisten und Blutordensträgers, damals noch aktive FPÖ-Politikerin, nahm Haider am 4. Juli 1987 sozusagen bei der Hand und fuhr mit ihm zu Scrinzi. Dort wartete Nobert Burger mit zwei Gefolgsleuten. Zuerst kreiste die Aussprache um jenes Interview. Burger klagte über die verheerende Wirkung in der rechten Szene. Haider verteidigte sich damit, wie Scrinzi später erzählte, daß es „der Extrakt eines mehrstündigen Gesprächs sei, der zwangsläufig Verkürzungen enthält". Dann wurden „die Möglichkeiten einer Zusammenarbeit für die Auseinandersetzung mit dem 13. März 1938" abgesprochen, da das Gedenkjahr 1988, wie die Nationalen befürchteten, „zu einem Generalangriff auf die historische Wahrheit genutzt" würde.[83]

Als das Geheimtreffen im März 1988 öffentlich bekannt wurde, wollte sich Haider zuerst nicht erinnern, dann sagte er, es sei zufällig „passiert", er habe gar nicht gewußt, daß Burger da sein werde. Als schließlich eine Art Beschlußprotokoll von gemeinsamen Vorhaben auftauchte, die den angeblich zufälligen und informellen Charakter dieses

---

82 profil 11, 1988
83 ebd.

Treffens konterkarierten, bekannte er, es sei „ein Fehler" gewesen.[84]

In seiner Partei hatte Haider damit nichts als Schwierigkeiten. FPÖ-Generalsekretär Norbert Gugerbauer legte wenige Wochen später seine Funktion als Generalsekretär zurück.

Seit damals ist mehr als ein Jahrzehnt vergangen, doch Haiders Selbstbild ist in dieser Hinsicht selbstmitleidig geblieben. Von keiner Einsicht getrübt, zynisch überformt und jederzeit zu neuer Provokation bereit. Das einzige Zugeständnis, zu dem er sich im vergangenen Kärntner Wahlkampf hinreißen ließ, war, daß er „von nun an in bestimmten Situationen den Mund halten" werde, damit man ihn nicht gleich wieder „absetzen" könne. Diese halbe Entschuldigung für das Lob der „Beschäftigungspolitik im Dritten Reich" brachte er nicht auf den großen Marktplätzen vor, wo das Publikum zu einer Masse verschmilzt, sondern in den Dorf-Wirtshäusern, wo jeder jeden kennt und auch Haider ungefähr wußte, wer vor ihm saß. Hier könnte auch die Botschaft mitgeschwungen haben: Ihr wißt wie ich denke, aber ich darf es nicht mehr sagen, weil ich sonst gleich wieder Schwierigkeiten hab'.

Jörg Haider habe in jedem Augenblick gewußt, was er tat und was er sagte, behauptet Heide Schmidt, die fünf Jahre lang an seiner Seite politisch aktiv gewesen ist. Als Generalsekretärin der FPÖ hatte sie naturgemäß wenig Verständnis dafür, wenn bei ihrem damaligen Chef eine Sprache durchklang, die er daheim in seiner Kindheit gehört und sich später im deutschnationalen Milieu der FPÖ als politische Rhetorik angewöhnt hatte. Von daher kommen die „Systemparteien" und die „Filzläuse", die „ordentliche Beschäftigungspolitik" und die „soziale Volksgemeinschaft".

---

84 profil 11, 1988

„Wenn er in einem Bierzelt auf den Brettern stand und in Stimmung kam, sagte er ganz bewußt Dinge", erinnert sich Heide Schmidt, „die er selbst für falsch hielt und von denen wir übereingekommen waren, sie nicht zu bringen, weil etwa Journalisten da waren.".[85] Wenn dann der Applaus einsetzte, habe er ihr, die in der ersten Reihe saß, spitzbübisch zugezwinkert und sich nachher damit gerechtfertigt, daß die Leute das eben hören wollten. „Ich konnte ihm", gesteht Schmidt, „nicht einmal bös' sein. Er hatte den sichtbaren Erfolg auf seiner Seite."

In dieser Hinsicht ist Haider ein selten sensibler und begabter Politiker. Er registriert die Stimmung unter seinen Zuhörern noch bevor diese selbst wissen, wie ihnen geschieht. Er nimmt den Applaus als Zustimmung, mehr noch, als Bekenntnis. So führt er sein Publikum immer weiter auf ein Gelände, das wenigstens einige unter ihnen bei klaren Sinnen vielleicht nie betreten hätten. Er nimmt sein Publikum gefangen.

Im Jahr 1991, wenige Wochen nach der von ihm als schändlich empfundenen Abwahl als Kärntner Landeshauptmann, war Haider in wahlkämpfender Mission in der Steiermark unterwegs. Eine Veranstaltung fand in Kapfenberg im Hotel Böhlerstern statt, was in der SPÖ-Zentrale in Graz große Aufregung verursachte. Immerhin war Haider in die Hochburg der Sozialdemokraten, in ihren traditionsreichen Versammlungsort vorgedrungen. Der Saal füllte sich, anders als gewohnt, erst in letzter Minute, und so mancher kam hereingeschlichen, als ob er etwas Verbotenes täte und zog wie zufällig ein Werbefoto des SPÖ-Regionalkandidaten aus der Innentasche der Jacke. Sitznachbarn versicherten einander, nur mal zum Schauen vorbeigekommen zu sein. Vor diesem

85 Gespräch mit Heide Schmidt am 9. 11. 1998

Publikum kam Haider auch auf seine Kärntner Niederlage zu sprechen. Man habe ihn loswerden wollen, donnerte er in den Saal, weil die etablierten Parteien Angst bekommen hätten. Darauf setzte kräftiger Applaus ein, und Haider fuhr fort: „Ich habe nur gesagt, daß die Beschäftigungspolitik, die heute von der Regierung gemacht wird, nicht einmal das erreicht, was in den Jahren vor dem Krieg zustandegebracht wurde. Er ließ eine kleine Pause für den Applaus, der auch prompt folgte, und wer bis dahin geklatscht hatte, tat es konsequenterweise noch einmal, als Haider zum Höhepunkt ansetzte: „Und ich habe ja recht gehabt. Das traut sich nur niemand zu sagen, daß die damals eine ordentliche Beschäftigungspolitik gemacht haben, wie sie die Regierung in Wien nicht zusammenbringt."

Haider besitzt ein außerordentliches Gespür dafür, welche Kräfte mobilisierbar sind. Er läßt sich von der vorherrschenden Tendenz nicht irreführen. Wo dem politischen Verstand sein Verhalten widersinnig erscheinen mag, bewegt er sich instinktsicher. So gelingt es ihm, Protestgefühle und Ressentiments exemplarisch zu vereinigen und seine Anhänger, als wären sie gleichsam seine Rächer, hinter sich herzuziehen.

Doch der Feldzug, den Jörg Haider anführt, ist einer in eigener Sache. Es geht ums Rechthaben. Seine Schwester, Ursula Haubner, reagierte sehr betreten, als sie einmal gefragt wurde, was sie vom Lob für die Beschäftigungspolitik des Dritten Reichs halte. „Mich hat diese Äußerung sehr betroffen gemacht. Es war ein höchst unbedachter Zwischenruf. Aber ich kenne ihn ja, wie er ist, wenn er so von jemandem provoziert wird. Dann bleibt er nichts schuldig. Dann gibt er eine scharfe Antwort zurück. Er hat sich in diesem Moment wahrscheinlich überhaupt nichts dabei gedacht. Aber sowas hätte nicht passieren dürfen, keine Frage. Auf Provokationen hat er schon als Kind sehr heftig reagiert. Ein an-

derer schluckt halt alles runter, er aber redete immer zurück".[86]

Auch Günther Winkler hatte damals von sich aus zum Tele-
fonhörer gegriffen und „eine Stunde lang mit ihm geschimpft".
So etwas könne ein Politiker nicht sagen, hatte er ihm ins Gewissen geredet. Auch wenn er provoziert worden sei, nun gut,
auch wenn er nicht die Beschäftigungspolitik „des Dritten
Reichs", sondern „im Dritten Reich" gesagt hatte. Auch meine
Verwandten in Dachau, führte Winkler an, wären demnach in
ordentlichen Beschäftigungsmaßnahmen gewesen?

Es hat nichts genützt. Jörg Haider ließ seine Mitarbeiter
ausschwärmen, die mit Zitaten aus wissenschaftlichen Ab-
handlungen zurückkamen, in denen sich Historiker mit der
Wirtschaftspolitik Deutschlands vor dem Krieg beschäftigt
hatten. Daß darin auch von Arbeitsbeschaffungsmaßnahmen
die Rede war, stimmt nicht verwunderlich. Daß das mit seiner politischen Äußerung nichts zu tun hatte, wollte Haider
nicht einsehen. Die Halsstarrigkeit, mit der Haider die Sicht-
weise seiner Eltern pflegt, ist nicht mit intellektuellem Unvermögen zu erkären.

Der Sozialdemokrat und frühere Landeshauptmann von
Kärnten, Leopold Wagner, vertritt die originelle These, daß
eine gründliche Aufarbeitung der NS-Vergangenheit für das
Land gar nicht gut wäre, weil das allgemeine historische Wissen zu gering sei und „die Großväter den Enkeln dann Sachen
erzählen, die der Staat nicht kontrollieren kann". Das Gefährliche daran sei, sagt Wagner, „daß es bei der Geschichtsdarstellung eine reale Wirklichkeit gibt, für den, der das erlebt hat
und eine andere, die aus der Literatur heraus entsteht".[87] Haider hat offenbar viel zugehört und wenig gelesen.

86 Die ganze Woche 27, 1991
87 Gerhard Seifried, Heimo Toefferl, Drei Genossen, Klagenfurt 1997,
   S. 239

Der Zurückgebliebene aus 1968

Nach ersten Erfolgen in Bad Goisern ging Jörg Haider 1969 nach Wien, um dort zu studieren und um die Stadt für sich zu erobern. 1968 hatte er die Matura abgelegt, dann wurde er, wie unter seinesgleichen üblich, Einjährig-Freiwilliger beim Bundesheer. Er mußte nicht weit weg. Er kam nach Salzburg. Ursprünglich hatte er dort bleiben wollen. An der Salzburger Universität hatte er bereits Geschichte und Germanistik inskribiert, „das einzige", was ihn interessierte. „Da wär's mir gutgegangen", sagt Haider. Er hatte bereits ein „herrliches Zimmer bei einer Freundin von der Mutti" bezogen. Von heute auf morgen habe er dann entschieden, nach Wien zu gehen und Jus zu studieren. Er habe keine Ahnung gehabt, was das ist, sich aber gedacht: „Da bist du irgendwie offener."[88]

Der spontane Entschluß fügte sich dennoch ganz gut in den Wunsch seiner Eltern, vor allem den seiner Mutter und einiger hochrangiger FPÖ-Funktionäre, denen das Talent des Jungen aufgefallen war. Großonkel Wilhelm Webhofer hätte es zwar lieber gesehen, wenn Haider, im Hinblick auf den großen Forstbesitz im Bärental, an die Wiener Bodenkultur gegangen wäre. Und Haiders Jugendtraum war etwas ganz anderes gewesen: in fremde Rollen schlüpfen, andere Identitäten auszuprobieren, Applaus bekommen, Schauspieler werden. Jetzt mußte er sich mit der Rolle und Funktion des Staates beschäftigen.

Das tat er brav und diszipliniert. Sein eigentliches Leben

---

88 Gespräch mit Jörg Haider am 16. 7. 1999

spielte sich freilich anderswo ab. Haider suchte sofort ein politisches Betätigungsfeld.

Friedrich Peters Parteiobmanschaft ging damals ins zehnte Jahr. Er hatte Haider schon als Schulbuben gekannt und sah in ihm eine große politische Begabung, er hatte ein Auge auf ihn, er kümmerte sich. Haiders Vater hatte Friedrich Peter Mitte der fünfziger Jahre in einer Parteiversammlung kennengelernt. Robert Haider arbeitete damals in einer Schuhfabrik. In einem Wirtshaus im oberösterreichischen Gmunden war er als eifriger Diskutant aufgefallen, der „nicht uninteressant argumentiert hat". Robert Haider schien einigermaßen intelligent und gebildet zu sein, er konnte sich besser ausdrücken, als Peter es von einem einfachen Arbeiter erwartet hätte. Friedrich Peter sprach ihn an.

Bald darauf war Robert Haider freiheitlicher Geschäftsführer für den Bezirk Gmunden. Es war ein kleiner, unwichtiger Organisationsjob mit einem elenden Gehalt, der für Robert Haider dennoch einen sozialen Aufstieg bedeutete. Die Peters besaßen ein Haus am Attersee, und die Haiders kamen öfter auf Besuch. Besonders beeindruckt war Peter von Dorothea Haider, „einer hochintelligenten Frau", die trotz der Armut der Familie die Kinder in die Mittelschule schickte. Friedrich Peter sorgte dann auch dafür, daß Dorothea Haider in den späten sechziger Jahren, als die Kinder Jörg und Uschi bereits aus dem Haus waren, an einer Berufsschule arbeiten durfte. Haiders Mutter hatte zwar die entsprechende Ausbildung, aber keine Zulassung. Als ehemalige BDM-Funktionärin fiel sie unter das Berufsverbot. Mit Peters Hilfe wurde sie als Vertragslehrerin angestellt.

Die fünfziger Jahre waren die bleierne Zeit der großen Koalition. Doch in Oberösterreich gab es eine stille Koalition zwischen ÖVP und FPÖ. Im sogenannten „Peter Gleissner-Pakt" wurde der FPÖ erstmals ein Landesschulrat zugespro-

74

chen. Ein Umstand, den Jörg Haider erst vor kurzem, am Linzer Parteitag im Juni 1999, als Beispiel für die jahrzehntelange Anerkennung der FPÖ in Oberösterreich stolz erwähnte. Daß seine Mutter durch diesen Pakt zu ihrer Anstellung kam, verschwieg er.

Wenn die Haiders die Peters in ihrem Sommerhaus besuchten, sprachen sie meist über die Zukunft ihrer Kinder. Vor allem Dorothea Haider lag das schwer auf dem Herzen. „Aber eigentlich ist es nie um die Uschi gegangen, sondern immer nur um den Buben", erinnert sich Peter, „weil die Dorli intelligent genug war, die Begabung des Jörg frühzeitig zu erkennen." Friedrich Peter, der Parteiobmann der FPÖ, war der Ansicht, man sollte den „gescheiten, ehrgeizigen Burschen" in den diplomatschen Dienst schicken, denn „da waren wir Freiheitliche ja ganz schwach."[89] Ein Jus-Studium war dafür genau das Richtige.

Wie viele Kinder, die vom Land in die Großstadt kommen, war Jörg Haider in Wien isoliert und auf sein angestammtes Milieu angewiesen. In Oberösterreich hatte er zwei Jahre lang die Parteijugend bei Lagerfeuern und Turnerbewerben begeistert. In Wien suchte er die Umgebung, die er kannte. Er ging zu einer schlagenden Verbindung. So fanden sich auch die Schulfreunde Helmut Peter und Jörg Haider, die sich eine Zeit lang aus den Augen verloren hatten, in der Burschenschaft „Silvania" wieder. Man trank auf den Buden Bier und Krambambuli und schwang politische Reden. Die Freunde übten verbissen das Fechten, denn in der Silvania mußten sie eine Mensur schlagen. Dabei standen sich die Gegner, anders als in der Schülerverbindung, ohne Gesichtsschutz gegenüber. Es war der Initiationsritus für den Eintritt ins Männerleben. Viele FPÖ-Mitglieder, die heute mit un-

89 Gespräch mit Friedrich Peter am 26. 3. 1999

schönen Narben, dem „Schmiß", im Gesicht herumlaufen, sind durch diese Schule gegangen. Jörg Haider focht seine Mensur gegen Norbert Gugerbauer, der in einer befreundeten Burschenschaft organsiert war. Haider trumpfte später damit auf, daß es ihm „immer gelungen" sei, Schmisse zu vermeiden. „War später von Vorteil. Wäre heute nicht gut fürs Image", sagte er, zum Ärger so mancher Parteifreunde.[90]

Man kann nicht sagen, daß Haider und seine Freunde in der Bundeshauptsstadt Fuß gefaßt hätten. Wien war damals eine heruntergekommene, schmutzige und arme Stadt, unübersichtlich und für sie fremd. Sie frequentierten einige wenige Wirtshäuser und die Parteilokale.

Die 68er Bewegung verstörte sie. Sie fühlten mit den Spießbürgern, die sich durch den Aktionismus in der Kunst und auf der Straße provoziert fühlten. Sie registrierten voll Abscheu den aufflackernden Protest gegen den „Imperialismus", den Vietnamkrieg, den Besuch des Schahs von Persien oder gegen die griechische Militärdiktatur. Sie fanden es gefährlich, wenn vor den amerikanischen Botschaften das Sternenbanner in Flammen aufging. Sie rückten noch enger zusammen. „Das waren unsere Feinde", sagt Helmut Peter, „linke Chaoten, die keine Ehrfurcht und keinen Respekt vor ihren Eltern und der Gesellschaft hatten."[91]

Das rechte Lager sah sich ins Eck gestellt, erdrückt von der Aufbruchstimmung einer Generation, die alles, vor allem die Autorität der Eltern, in Frage stellte.

Für Burschenschaften waren es dürre Jahre. Um aus der Schwäche eine Stärke zu machen, vernetzten sich die Organisationen. Haiders Stammburschenschaft Silvania wurde mit einer extrem rechtsstehenden Verbindung, der „Korporation

<hr>

90 Basta 12, 1987
91 Gespräch mit Helmut Peter am 23. 3. 1999

Südmark" zusammengelegt. Verglichen mit ihrer Nachfolge-organisation sei der Stammklub ein gemütlicher Försterverein gewesen, sagt Helmut Peter: „Dort herrschte dann aber ein ra-biater Antisemitismus, das waren richtiggehende Extremi-sten." Helmut Peter schrieb einen „bitterbösen Brief" und trat aus. Heimatlos, wie er nun war, fing er an, Bücher zu lesen, die er vorher verabscheut hatte. Für Peter war es der Beginn der Ablösung vom Elternhaus. Er sagte später, er habe sich „losge-lesen"[92]. Dabei ging ihm der alte Jugendfreund verloren.

Der Student Haider besuchte brav die Vorlesungen und legte in kürzester Zeit die Prüfungen ab. Aber er engagierte sich nicht unter seinesgleichen. Dort gaben schon andere, ebenso ehrgeizige junge Freiheitliche den Ton an. Norbert Gugerbauer war damals Vorsitzender des „Ringes freiheitli-cher Studenten" (RFS) an der Wiener Universität. Die Zei-ten, als der Welthandelsprofessor Taras Borodajkewicz unver-hohlen antisemitische Vorlesungen gehalten und der RFS mit Schlägertrupps zur seiner Verteidigung angetreten war, waren vorüber. Die Hochschulen wurden reformiert, die Studenten saßen gemeinsam mit Professoren in Studienkommissionen und durften mitreden. Mit dem RFS ging es bergab, aber er war noch immer die zweitstärkste politische Fraktion in der Studentenschaft. Es wurde eine Spur ziviler, auch wenn Nor-bert Steger, der spätere FPÖ-Obmann, vom Einfluß der schlagenden Verbindungen im RFS doch stark „irritiert" ge-wesen ist. Norbert Steger hat Norbert Gugerbauer deshalb auch nie für einen Liberalen gehalten. Als Hochschüler-schaftsvertreter lernte Norbert Gugerbauer jedoch die Prag-matik des Verhandelns und die Auseinandersetzung mit an-deren politischen Fraktionen.

Haider kühlte seinen Ehrgeiz , indem er versuchte, inner-

92 ebd.

halb der FPÖ nach oben zu kommen. Es wurde eine rasante Karriere.

Seit Jörg Haider ins politische Rampenlicht getreten ist, hat er verschiedene politische Deutungen erfahren, die häufig in direktem Gegensatz zueinander stehen. Er wird als hemmungsloser Opportunist eingeschätzt, dessen politisches Dasein bar jeder Idee sei, außer der einen, seine Macht auszubauen. Andere halten ihn für einen verkappten Neonazi, der ein ideologisches Programm verfolgt.

Ein Staatsmann wie Bruno Kreisky, dem zwar, um sein Urteil einzuschränken, keine besonders gute Menschenkenntnis zugesprochen werden kann, hat Haider Anfang der siebziger Jahre für einen „echten Liberalen" gehalten. 1985 bezeichnete er ihn als „den miesesten Opportunisten der österreichischen Politik"[93]. Anlaß war Haiders Behauptung, wäre die FPÖ eine Nachfolgeorganisation der NSDAP, dann hätte sie in Österreich die Mehrheit. Eine Bemerkung, die man durchaus ironisch verstehen könnte. 1988, auf seinem Ruhesitz in Mallorca, sagte Kreisky über Haider, jener sei „einer jener wirklichen Nazis, die lebensgefährlich sind und es immer sein werden."

Was war in der Zwischenzeit passiert?

Im Herbst 1969 hatte Jörg Haider an der Universität inskribiert. Wie einst der Vater in einem Wirtshaus durch kluge Zwischenrufe aufgefallen war, machte der Sohn im Hörsaal auf sich aufmerksam. „Ein vifer Bursch›", sagt der Universitätsprofessor Günther Winkler, „der immer dazwischengeredet und g'scheite Sachen gesagt hat."[94] Schon drei Jahre später, noch vor Abschluß des Studiums, bekam Haider von Winkler eine Assistentenstelle angeboten und irgendwann

93 Arbeiterzeitung, 5. 3. 1985
94 Gespräch mit Günther Winkler am 1. 7. 1999

einmal entdeckten sie, daß sie weitläufig miteinander verwandt waren.

Außerhalb des Hörsaals wählte Haider die politische Laufbahn des Ringes Freiheitlicher Jugend, einer Organisation, deren Kürzel als RFJot ausgesprochen wurde, was manche an die HJot, die Hitlerjugend, erinnerte. In alten Wochenschauen kann man sehen, wie die Buben des RFJ tatsächlich in weißen Stutzen bei Parteitagen durch den Mittelgang einmarschierten.

Im zweiten Studienjahr war Haider bereits Bundesführer des Ringes Freiheitlicher Jugend. Als erstes verschaffte er sich dort eine publizistische Tribüne. Friedrich Peter hatte zwar, um den Jungen ein Podium zu geben, neben der FPÖ-Parteizeitung die „Neue Front" gegründet, doch Haider wollte etwas Eigenes, ein Medium in seinem eigenen Einflußbereich. Haider gründete die „Tangente". Für einen, der etwas werden will, hatte diese monatlich erscheinende Zeitung den unbestreitbaren Vorteil, daß sie von Geldern der FPÖ-Führung unabhängig war. Sie wurde vom Industriellen Harald Prinzhorn finanziert. Der Vater des – erst kürzlich aus Ärger über Haiders Mitarbeiterstab von seinem Nationalratsmandat zurückgetretenen – Thomas Prinzhorn war Papierfabrikant und hatte schon in den fünfziger Jahren dem VDU mit Papierlieferungen geholfen. Er war mit den alten Liberalen gut befreundet. In den siebziger Jahren sorgte er dafür, daß die FPÖ Zuwendungen von der Industriellenvereinigung erhielt. Der eigensinnige, hochfahrende Prinzhorn unterstützte Projekte in der FPÖ. Eines war ein Braintrust junger Liberaler, aus dem sich später der Attersee-Kreis entwickelte. Das andere Projekt hieß Jörg Haider. Daß sich die „Tangente" allmählich zu einer Plattform der Kritik an Friedrich Peter und der FPÖ-Führung entwickelte, hatte Prinzhorn gewiß nicht ungern gesehen. Sein Verhältnis zu Friedrich Peter war ohnehin gespannt. Und den jungen Jörg Haider hatte er in väterlicher Freundschaft ins Herz geschlossen. Ein Mentor hatte den anderen abgelöst.

Mag sein, daß Haider nicht ganz frei von der Devise „Wes Brot ich eß, des Lied ich sing" handelte. Aber die Konfrontation mit der Parteispitze, das erfuhr er bald, brachte auch Extrapunkte, vor allem Aufmerksamkeit über die Reihen der Freiheitlichen hinaus.

Jörg Haider mißt dem Verhältnis zum alten Prinzhorn heute noch so viel Bedeutung bei, daß er bei Prinzhorn Juniors wütendem Abgang im November vergangenen Jahres alte, tief vergrabene Eifersuchtsgefühle andeutete. Der Konflikt mit Prinzhorn, sagte Haider, sei in der Vergangenheit zu suchen und der alte Prinzhorn habe ihn jedenfalls sehr gemocht.[95]

Eine Generation junger Freiheitlicher, die zufällig zeitgleich 1969 ihr Studium beendet hatte und in der FPÖ keine Aufgabe für sich sah, gründete den Atterseekreis. Mit dem intellektuellen, liberalen Zirkel hatte Haider nur am Rande zu tun. Er nahm ein- oder zweimal an einem Treffen teil. An eine maßgebliche Rolle Haiders kann sich heute keiner der damals Aktiven[96] erinnern. In frühereren biographischen Anmerkungen schmückte sich Haider noch ganz gern mit seiner Teilnahme am Attersee-Kreis. Heute sagt er, der Atterseekreis sei „eine Kaderausbildung gewesen, für den Fall, daß es einmal eine Koalition gibt." – „Das war nicht meine Welt."[97]

Friedrich Peter glaubt, daß Haiders Psyche eine Mitarbeit

---

95 11. 11. 1998 in Klagenfurt
96 Friedhelm Frischenschlager, Norbert Steger, Helmut Krünes, Gerhard Kratky, Volker Kier, Erich Reiter, Walter Ebenberger, Jörg Freunschlag, Hansjörg Tengg, Hilmar Kabas
97 Gespräch mit Jörg Haider am 16. 7. 1999

dort gar nicht ausgehalten hätte. Da wäre er ein Gleicher unter Gleichen gewesen.

Für Zusammenkünfte bot Friedrich Peter den jungen Leuten das Heim am Attersee, das parteieigene Reinthallerhaus, an, das sie vier Mal im Jahr gratis benützen durften. Sogar ein eigenes Schiff auf dem Attersee stand ihnen zur Verfügung. Bundeskanzler Bruno Kreisky wurde Anfang der siebziger Jahre ins Reinthaller-Haus eingeladen, und er nahm sich stundenlang Zeit, um mit den Jungliberalen zu diskutieren. Man kann sich vorstellen, daß Haider diese Entwicklung eifersüchtig beobachtete. „Er hat das von vornherein als Bedrohung seiner Situation gesehen"[98], sagt Steger. Der Attersee-Kreis hatte die Unterstützung von Friedrich Peter, den Haider schon mehrmals durch öffentliche Kritik vergrämt hatte. Die Liberalen wurden von Kreisky hofiert und gefielen sich in theoretischen Diskussionsrunden.

Jörg Haider stürzte sich inzwischen mit voller Kraft auf die praktische Jugendarbeit im RFJ, der sich unter seiner Führung zu einer schlagkräftigen, mitgliederstarken Organisation entwickelte. Er wurde durch forsche Parteikritik bekannt. Im Alter von 22 Jahren saß er, noch ohne Stimmrecht, bereits im Bundesvorstand der FPÖ und war so etwas wie ein pragmatisierter Parteirebell.

Karl Sevelda, heute beim Liberalen Forum aktiv, wurde in dieser Zeit Jörg Haiders bester Freund. Die beiden hetzten oft gemeinsam in Haiders Austin-Morris-Mini, einem englischen Auto, von Italienern entworfen, übers Land. „Je nachdem, wo er hinkam", sagt Sevelda, „er war das, was die Leute hören und sehen wollten. Er hatte eine Antenne dafür."[99] In

---

98 Gespräch mit Norbert Steger am 2. 6. 1999
99 Gespräch mit Karl Sevelda am 15. 4. 1999

der Kleidung, in der Sprache, im Benehmen. „Er war schon damals der Haider, wie man ihn heute kennt, er war halt auch Burschenschafter." Gleichwohl stellten Haider und Sevelda am Bundesjugendtag im Jahr 1974 den Antrag, das Bekenntnis zur „deutschen Volks-und Kulturgemeinschaft" aus dem RFJ-Programm zu streichen.[100]

Kennengelernt hatten sich die beiden im Jahr 1972 über einen Schulfreund Seveldas, den Haider vom Bundesheer kannte. Als Sevelda eines Abends in die Kärntnerstraße Nummer 28 kam, wo der RFJ ein kleines Zimmer hatte, erlebte er einen sehr jung aussehenden Burschen, der im „Tangente"-Kreis das große Wort führte. Der Wortführer teilte die jungen Leute ein, ordnete an, was zu tun war. Es bestand kein Zweifel, wer hier der Chef war. Haider sei, sagt Sevelda heute noch mit einem gewissen Respekt, „bemerkenswert sensibel" gewesen, er habe „bestes Führerverhalten" beherrscht, „stundenlang zugehört, sich Stichwörter aufgeschrieben, daraus sofort in einer Rede ein Ganzes gemacht".[101]

Haiders Fleiß sei unglaublich gewesen. Wenn die anderen, nach langen Sitzungen zur nächsten Veranstaltung unterwegs, im Auto einschlummerten, zog Haider seinen Notizblock heraus und bereitete sich auf den nächsten Auftritt vor. Veranstaltungen, bei denen Jörg Haider angekündigt war, waren ein Renner. Er war auf seine Wirkung bedacht wie ein frühreifer Politprofi, seiner Zeit weit voraus.

Jörg Haider erkannte bald, wie wichtig es war, im Fernsehen vorzukommen und in den Zeitungen erwähnt zu werden. Der RFJ startete eine Kampagne für eine „Fernsehdiskussion der Jugendobmänner", und Jörg Haider war ein fleißiger

---

100 ebd.
101 ebd.

Propagandist. Er entwickelte eine neue Form der politischen Veranstaltungen, die unter dem Namen „Neue Welle" liefen: Musik, Streitgespräch, Straßenaktion. Prominente Journalisten wie Hans Mahr von der „Kronenzeitung", Kurt Vorhofer von der „Kleinen Zeitung" oder auch ORF-Generalintendant Gerd Bacher wurden eingeladen. Der 22jährige begann Pfeife zu rauchen. „Pfeifenrauchen ist eine Kultur für sich", philosophierte er in der „Tangente". „Aufgrund der geringen Zahl politisierender Pfeifenraucher" sei es ein wichtiges Element der „politischen Imagebildung, das sich durch ORF-wirksame Darstellung noch ausbauen" lasse.[102]

Die „Tangente" füllte Haider mit Grundsatzartikeln zu den Stichworten „Freiheit" und „Demokratie". Das waren die Themen, mit denen auch die marxistischen Gruppen in all ihren Schattierungen in den Hörsälen auftraten. Prügeleien zwischen rechten und linken Studenten waren in diesen Jahren an der Tagesordnung. Günther Winkler, der damals Rektor an der Universität Wien war, sagt, er habe jeden Abend seinen Smoking aus- und robuste Freizeitkleidung angezogen, um vor den Hörsälen zwischen Polizei und Studenten zu vermitteln.

Nach einer dieser Veranstaltungen mußten mehrere Burschenschafter, blutüberströmt, vom Notarzt versorgt werden. Otto Scrinzi, der nationale Kärntner Freiheitliche, hätte über die Slowenenfrage reden sollen. Scrinzi war 1972 dabei gewesen, als zweisprachige Ortstafeln in Kärnten zertrümmert wurden und die Aufgebrachten Kanzler Bruno Kreisky in Klagenfurt anspuckten. Kreisky kam verbittert zurück und sprach von der „größten Nazidemonstration der Zweiten Republik".[103] Vor dem Wiener Hörsaal im neuen Instituts-

102 Tangente 3, 1972
103 profil 12, 1997

gebäude standen sich nun die beiden Kampftrupps, durch einen Polizeikordon getrennt, gegenüber. Sie gingen mit Holzprügeln, die einmal Stühle gewesen waren, aufeinander los. Jörg Haider war, nach Beobachtern, der einzige, der unbehelligt zwischen den Fronten hin- und herwechselte. Schon damals wagte er sich unverdrossen in sogenanntes „Feindgebiet". Viele Jahre später in Kärnten war er der erste Freiheitliche, der in slowenisch-sprachigen Ortschaften Wahlkampfreden schwang und auf slowenischen Hochzeiten tanzte.

Doch der Haß auf alles, was links war, hatte sich in jenen Jahren tief eingegraben. Haider versuchte mit einem Pamphlet gegen den Marxismus in der FPÖ Eindruck zu schinden. Das Papier hatte er allein und in aller Eile verfaßt, damit er es am Bundesparteitag 1972 einem großen Publikum vorlegen konnte. Die „Blaulichter", wie er das Papier nannte, sollten auch den Obmann Friedrich Peter in die Schranken weisen. Die Situation war günstig. In der FPÖ schwelte schon seit längerem ein Streit, ob man es besser mit der SPÖ oder mit der ÖVP halten solle. Als Kreiskys SPÖ bei den Nationalratswahlen 1970 überraschend die relative Mehrheit erreicht hatte, versprach Kreisky eine, für kleine Parteien günstige, Wahlrechtsreform. Die FPÖ unterstützte die Minderheitsregierung der SPÖ, und Kreisky fing an, sich intensiv um den liberalen Flügel der FPÖ zu kümmern.

Da setzt Haider einen Konterpart. Er schreibt gegen Kreiskys Komitee der tausend Experten an und fordert seine Partei auf, „nach dem gesunden Volksempfinden" zu entscheiden, damit nicht „über dem Umweg der Expertentätigkeit kassiert wird." Zwei Jahre vorher war Haider noch in Kreiskys Bundesheerreformkommission gesessen. Das Lebensgefühl der 68er Generation findet der 22jährige „provokant". Aber auch

er will „die Selbstverständlichkeit unseres geordneten Le-
bensvollzuges in Frage stellen" und über Dinge nachdenken,
die „über die materiellen Bedürfnisse unseres Daseins hinaus-
gehen".[104]

Sein eigener Lebensvollzug ist freilich am allerordentlichs-
ten. Er ist ein fleißiger Student und im Kreis der Burschenschaft, des RFJ und der Parteiseilschaften wohlbehütet. Irgendwie ist auch immer ein Helfer zur Stelle. Sein Zimmer in
einem Studentenheim besorgt Friedrich Peter, der den Bun-
deswirtschaftskammerpräsidenten Rudolf Sallinger gut kennt.

Knapp vor Ende seines Studiums hält Haider die Zeit für
gekommen, eine Familie zu gründen. Eine Beziehung geht
unerwartet in Brüche. Er liegt Freunden mit dem dringenden
Heiratswunsch in den Ohren. Da tritt auf einem Ball die
18jährige Publizistikstudentin Claudia in sein Leben. Bald ist
ein Kind unterwegs. Keine Frage, daß geheiratet wird, und
keine Frage, daß die Frau zu Hause bleibt. Die Hochzeit findet in der Kirche in Bad Goisern statt. Haider im Trachten-
anzug. Trauzeuge ist Doktorvater Günther Winkler. Der
Wahlspruch an der Tür seines Häuschens, das er sich später
bauen wird, lautet: „Dies Haus ist nur ein kleiner Punkt / in
Gottes großer Welt / Doch ist es eine ganze Welt / Wenn es
dein Glück enthält."[105] Heute holt Claudia Haider das nach,
was sie damals versäumte. An der Klagenfurter Universität
steht sie kurz vor dem Abschluß ihres Psychologiestudiums.

Haider ist sensibel genug, um an der Aufbruchstimmung der
siebziger Jahre zu leiden, an der Hoffnung, Klassengesell-
schaft und Ausbeutung wären durch Reformen zu überwin-

---

104 Jörg Haider, Blaulichter. Gedanken eines Jungfreiheitlichen zur
 Gesellschaftspolitik, verv. Manus
105 Neue Kronenzeitung, 30. 11. 1986

den. Er ahnt, daß die Partei, in der er Karriere machen will, von einer Entwicklung überrollt wird. Er kritisiert „den vom Sozialismus ins Auge gefaßten Versorgungs- und Wohlfahrtsstaat". Er sucht dafür theoretische Begründungen. Er findet sie in der Auseinandersetzung mit dem Marxismus. Der Freiheitliche hat in seinem Denken „keinen sozialen Sitz innerhalb einer bestimmten sozialen Schicht". Haiders Weltanschauung ist der „soziale Aufstieg jeden einzelnen".[106] Jörg Haider ist im Grunde seines Herzens ein Sozialdarwinist. Er ist ja selbst einer der Tüchtigen und Fleißigen, denen er später einmal vorstehen will. Er ist einer, der es geschafft hat.

In den „Blaulichtern" bringt er das in einem von soziologischem Begriffsmüll überladenen Stil zum Ausdruck. Noch ist da keine Spur von verächtlich skizzierten Sozialschmarotzern. Aber Haiders schriftliche Äußerungen fallen auch heute noch gegen seine Reden ab.

Die einzige Unruhe, die Haider sieht und hört, ist der Triumphzug des Marxismus, ein „Wirrwarr ideologischer Versponnenheit". Die „angeborene Opposition der Jugend gegenüber der älteren Generation" hält er für äußerst „bedenklich". Man sollte das nicht „verniedlichen". Die marxistische Ideologie sei „überheblich", das „anmaßende Gehabe linker Minoritäten" würde seine Altersgenossen stark „verunsichern."

Irritiert war vor allem der Autor selbst. Seine damalige Lebensführung, wie er sich kleidete und wie er sich gab, konnte auf Wiener Boden die provinzielle Herkunft nicht verbergen. Sein Jus-Studium hatte er zwar in kürzester Zeit abgeschlossen, und noch vor dem defintiven Ende saß er als Assistent bei Professor Günther Winkler. Doch in der Hauptstadt

---

106 Jörg Haider, Blaulichter. Gedanken eines Jungfreiheitlichen zur Gesellschaftspolitik, verv. Manus

gab es viele Talente, und Haider war es von Kindheit an gewohnt, zu glänzen.

Das linke Feindbild erinnert an die zwanzig Jahre später fallenden Worte von den „Champagner-Intellekuellen", der „schicken Gesellschaft" und den „nützlichen Idioten".

Haider glaubt auch nicht so recht an die Kraft der Demokratie, ein System, das in seiner „Labilität und Anfälligkeit für Mißbrauch kein gleichartiges findet". Schuld daran sind in seinen Augen „pluralistische Strömungen", und so solle sich niemand wundern, wenn „in kritischen jungen Menschen Zweifel an der geistigen Substanz demokratischer Systeme westlicher Prägung auftauchen". Er hält nicht viel von der repräsentativen Demokratie. Auch die Philosophen der Antike hatten schließlich den „Gedanken der Repräsentation abgelehnt, weil sie ihn für undurchführbar hielten". Er kritisiert die „Waschmittelpropaganda", die „ungesunde Konsumorientierung", und er kommt zum Schluß, Demagogen hätten gerade in der Demokratie die besten Chancen. Demokratie sei auch sinnlos, wenn sie nicht von einer „wertbestimmten Haltung her gelebt" werde.

Das freiheitliche Denken müsse einen solchen Weg weisen. Es dürfe, fomuliert er in geschraubten Sätzen, „nicht ausschließlich dem ‚Seinsollenden', also der Idee, verpflichtet sein, sondern müsse eine Synthese „zwischen Seinsorientierung und Erfahrungswissen einerseits und der weltanschaulichen Grundhaltung andererseits" bilden. Er beruft sich auf Popper und dessen spöttische Kritik an den Heilsideologien. Freiheitliche Politik sei etwas für Menschen „mit hoher ethischer Grundauffassung".

Die Geschichte erscheint ihm „als Folge von Freiheitskämpfen", auch ganzer „Völker". Für die nationalsozialistischen Schatten seines Elternhauses und seiner Partei findet er keine Worte. „Demokratische Fehlleistungen unseres

Volkes" sind nach Haider „in der Zwischenkriegszeit" passiert.

Die Anrufung der Natur, der Biologismus spukt immer wieder in Haiders Konzepten herum. Haider findet es hoch an der Zeit, „durch organisches Denken Klarheit über das Wesen Mensch zu erhalten und auf der Grundlage dieser Erkenntnis ein Modell des Zusammenlebens von Menschen zu entwickeln". Es ist die alte NS-Ideologie von der Volksgemeinschaft, die hier durchschimmert. Die Überwindung der Natur wäre doch gerade die Voraussetzung, gleiche Würde für alle Menschen herzustellen, auch für die Benachteiligten und Schwachen. Doch davon will der 22jährige nichts wissen.

Das „größtmögliche Glück für die größtmögliche Zahl", das läuft für ihn auf eine „schrankenlose Gleichmacherei" hinaus. Als Beleg dafür zitiert er den rechten Staatslehrer Georg Jellinek: „Der Utilitarismus bedeutet Vernichtung der ihrer Natur nach, wenn auch oft nur von einer Minderheit gepflegten geistigen Interessen und die Nivellierung geistiger und sittlicher Interessen auf das Maß der Tiefstehenden, das Hochstehende herabgedrückt, nie aber umgekehrt." Dem System, das Haider „aufrichten" will, liegt nicht der Gedanke der Gleichheit, sondern der der „Gerechtigkeit" zugrunde.

Als Jörg Haider dieses Manifest verfaßte, war die FPÖ gerade bemüht, ihren deutschnationalen Traditionsstrang in einen sozial-nationalen zu transferieren. Das antistaatliche Denken fand in den Forderungen nach Ausbau der direkten Demokratie – Gerechtigkeit den Tüchtigen – ihren Ausdruck. Was Haider in dieser Hinsicht formulierte, war nicht neu, aber es war aufgeladen mit einem brutalen Sozialdarwinismus und der Skepsis, daß die Demokratie reformierbar sei.

Kreisky selbst hatte viel von der Problematik moderner Demokratien gesprochen. Der sozialistische Politiker müsse erkennen, daß „heute im Bereich der landläufigen Demokratie nur mehr ein kleiner Teil der Willensbildung erfolgt." Es müßte, sagte er später, als er nicht mehr Bundeskanzler war, eine „moderne Form der direkten Demokratie geben, denn bei uns ist das Instrument des Volksgehrens und der Volksabstimmung so beschaffen, daß in Wirklichkeit gar nichts passieren kann".[107]

Haider gibt sich heute gern als „Kreiskys Erbe" aus und nimmt für sich in Anspruch, das zu verwirklichen, was dem Kanzler nicht gelungen sei. Er kokettiert mit der angeblichen Wertschätzung, die ihm Kreisky noch auf seinem Totenbett entgegengebracht haben soll. Eine Szene, die freilich durch nichts anderes als Haiders Behauptung belegt ist. Kreisky war für ihn eine kurze Zeit lang wohl eine jener Vaterfiguren, an die er sich gerne angelehnt hätte. Doch während sich Kreisky um den Kontakt zum Atterseekreis bemühte, mußte sich Haider um Kreisky bemühen. Das gelang ihm in seiner Funktion als RFJ-Obmann.

In den frühen Regierungsjahren hatte Bundeskanzler Bruno Kreisky die „Jugendkonfrontationen" eingeführt. Diese öffentlichen Debatten im Palais Dietrichstein waren als Gegengewicht zu dem verkrusteten, geistig immobil gewordenen Bundesjugendring gedacht. Es war auch ein Zugeständnis an den RFJ, der nicht Mitglied des großkoalitionär zusammengesetzten Bundesjugendrings war und dem dadurch viele Geldmittel entgingen. Kreisky versprach zwar immer wieder, das zu ändern, doch er setzte sich nicht durch. In den Sitzungs-Protokollen des RFJ ist mehrmals festgehalten, daß man „bei Kreisky" nachfragen solle, was da los sei.

In seiner Funktion als Vorsitzender des RFJ wurde Jörg Haider auch zu Kreiskys Zukunftsforen eingeladen. Haider nutzte die Chance aufzufallen. Die Fernsehaufzeichnungen

107 Bruno Kreisky, Der Mensch im Mittelpunkt, Wien 1996, S. 256

von damals zeigen einen lebhaften, engagierten Jugendlichen, der mit seinen Wortmeldungen alle aussticht. Haider gab seinerseits Kreisky Schützenhilfe gegen die linken SPÖ-Jugendorganisationen.

Der Kanzler zeigte sich interessiert an dem Jungtalent, das ihm Peter einmal so warm ans Herz gelegt hatte. Er war von ihm angetan. Er gab Privataudienz. Man saß gemeinsam auf der Ledercouch. Kreisky monologisierte weitläufig über die Geschichte und die aktuellen politischen Entwicklungen in der Welt. „Wir bewunderten ihn natürlich", sagt Karl Sevelda. Zweimal empfing Kreisky die Jungfreiheitlichen zu einer stundenlangen Aussprache.[108] Haider sagt heute: „Man ist sich total wichtig vorgekommen".[109]

Kreisky setzte Haider offenbar Flausen in den Kopf. Der Junge war dem Charme des alten Fuchses sofort erlegen. „Warum sind wir eigentlich nicht beim Kreisky?" fragte er nach einer der Audienzen am Ballhausplatz seinen Freund Karl Sevelda. Man muß annehmen, daß Haider von Kreiskys Wirkung stark beeindruckt war, daß er ihn studierte wie ein Vorbild, dem es nachzueifern galt. Kreisky schien der Großbürger, der Mann von Welt zu sein, der Haider gerne werden wollte.

Haider tanzte auf vielen Hochzeiten, er tauchte in viele Welten ein. Doch im RFJ war er wirklich zu Hause. In gewisser Weise war Haider sogar wieder heimgekommen. Wenn der RFJ einen Redewettbewerb veranstaltete, saß Dorothea Haider in der Jury. Bundesschwimmwettbewerbe fanden in Bad Goisern statt, Burschen- und Mädchenlager auf der Postalm, hoch über dem Wolfgangsee, wo Haider in seiner Adoles-

---

108 Am 6. Juni 1975 zu einer zweistündigen Unterredung
109 Gespräch mit Jörg Haider am 16. 7. 1999

zenzphase alte NS-Lieder gesungen hatte. Haiders Schwester, Ursula Haubner, die damals schon verheiratet war, nutzte ihre Kenntnisse, die sie in der Hauswirtschaftschule erworben hatte und gestaltete in jeder „Tangente" die letzte Seite. Die hieß „Boutique", und Ursula gab dort Tips fürs Blumenstecken, für selbst gebastelte Geschenke oder dafür, wie ein Christbaum geschmückt werden sollte. Sie gab auch Anweisungen in Modefragen.

Haider war auch in seinen Wiener Jahren nie liberal. Der Ruf seiner Liberalität war zum Teil deshalb zustande gekommen, weil er sich mit Kreisky in Szene setzen konnte und weil er gegen Friedrich Peter ankämpfte, dessen Vergangenheit in einer SS-Brigade im Jahr 1975 von Simon Wiesenthal in allen Details aufgedeckt wurde.

Der „Kurier" irrte, als er sich sieben Jahre später darüber wunderte, „wie die Kärntner Luft das Denken des Jörg Haider nach rechts verschoben hat". Als Kärntner Parteisekretär hatte Haider damals das „Dorf an der Grenze", einen Fernsehfilm, der für die Kärntner Slowenen Partei ergriff, als „Machwerk übelster Sorte" beschimpft. Doch auch schon 1975 ließ Haider anläßlich des Dokumentarfilms über die Kärntner Slowenen „Fremde in der Heimat" Haßtiraden gegen die Autorin Trautl Brandstaller los.[110]

Der Konflikt zwischen Haider und Parteichef Peter wurde über die Medien ausgetragen. Mit frechen Wortmeldungen und Rücktrittsforderungen kam der Jungpolitiker häufig in die Zeitungen. Den freundlichen Kurs Friedrich Peters gegenüber Bruno Kreisky konterkarierte er am Parteitag 1974 mit der Warnung vor dem „Staat, der sich nur allzuschnell

---

110 Tangente 20, 1975

von den Individuen abtrennen, zu einem selbständigen sozialen Kollektiv aufsteigen" werde. Dieser Staat würde „von den
Bürgern eher als Gegenüber, denn als Gestalt gewordener, in-
tegrierter Gemeinschaftswille empfunden werden".[111] Friedrich Peter dagegen warnte am Parteitag „vor den besagten
Senkrechtstartern"[112], was in der „Tangente" natürlich höh-
nisch kommentiert wurde.

In der Öffentlichkeit unbemerkt blieben Haiders zum Teil
problematische Aussagen über Demokratie und Rechtsstaat.
Die Verwaltung, schrieb er, sollte zwar an das Gesetz gebunden sein, in jenen Bereichen aber, „wo das konkrete Verhalten
des Verwaltungsbeamten durch das Gesetz nicht bis ins De-
tail vorbestimmt werden kann", sei dieses „durch verstärkte
Teilnahme der Bevölkerung am Entscheidungsprozeß abzu-
stützen".[113] Das plebiszitäre Element, das sich später in den
Thesen zur „Dritten Republik" voll entfaltete, war bei Haider
schon früh ausgeprägt. Haider hat es so gelernt. Als RFJ-
Politiker machte er die Erfahrung, daß er mit Popularität und
Zustimmung mehr Fakten setzen konnte als durch Beschlüsse im Parteiapparat. In den internen Sitzungen des RFJ ver-
mied er formale Abstimmungen und setzte seine Standpunkte lieber über öffentliche Äußerungen durch. Er scheute nicht
einmal davor zurück, in seiner eigenen Zeitung Leserbriefe zu
veröffentlichen, wenn ihm die politische Ausrichtung der
„Tangente" nicht gefiel.[114]

Bei den Sozialdemokraten hingegen fand Haider Beach-
tung, weil er in seiner letzten Phase als RFJ-Obmann gerade-

---

111 Tangente 15, 1974, „Ideologiekritik: Liberalismus zwischen
Selbstbestimmung und Revolution."
112 Tangente 16, 1974
113 Tangente 15, 1974
114 Tangente 18, 1975

zu wirtschaftsfeindlich auftrat. In der Debatte über das freiheitliche „Manifest zur Gesellschaftspolitik" im Herbst 1973, mit dem Friedrich Peter eine Antwort auf die Kreiskysche Modernisierung geben wollte, verlangte Haider, daß Wirtschaftswachstum lediglich als „Erleichterung der Umverteilung betrachtet"[115] werden sollte.

Ein von ihm ausgearbeitets Lehrlingskonzept wurde von der Gewerkschaftsjugend übernommen. Als die FPÖ in der Hofburg ihr 25-Jahres-Jubiläum feierte, kam ÖGB-Präsident Anton Benya auf ihn zu, schüttelte ihm die Hand und bedauerte, daß „wir in der SPÖ nicht so Leute wie Sie haben." Haider trat dort überhaupt schon äußerst „selbstsicher, mit einem Anflug von Snob-Appeal" auf. „Der Wunschtraum jener Eltern, die ihre Söhne zu etwas Höherem bestimmt haben".[116] Die „Kronenzeitung" kommentierte den Auftritt des „blendend aussehenden und überraschend selbstsicheren Jungpolitikers" weitsichtig als „die Standortbestimmung eines kommenden FPÖ-Obmannes".[117]

Im Finale, kurz bevor er die Obmannschaft an Jüngere übergab, ließ er noch mit überraschenden Beschlüssen aufhorchen. Die „Kleine Zeitung" wunderte sich, daß die jungen Freiheitlichen „in der Schulpolitik für eine freiwillige Ganztagsschule eintreten", und die „Salzburger Nachrichten" fanden es bemerkenswert, daß der RFJ „für jedes Kind einen Kindergartenplatz" forderte. In ORF-Interviews sagte der scheidende Jungstar, daß „die Suche nach einem dritten Weg dringender denn je" sei.[118] Es waren Themen, mit denen auch Bruno Kreisky und seine Sozialdemokratie höchst erfolgreich Politik machten.

115 Tangente 9, 1973
116 Tangente 15, 1974
117 Neue Kronenzeitung, 8. 4. 1976
118 Tangente 29, 1975

Haider schien unschlüssig zu sein, wohin er sich nach Ende des Studiums wenden sollte. Es war ihm nicht gelungen, Friedrich Peter aus den Angeln zu heben. Am Parteitag der FPÖ im September 1974 wollte Friedrich Peter Francis Bacon zitieren: „Junge Leute wenden sofort die schärfsten Mittel an und sind, was ihre Irrtümer verdoppelt, nicht dazu zu bringen, sie einzugestehen oder rückgängig zu machen – gleich einem ungezogenen Pferd, das weder stehen noch wenden will."[119] Diese Redepassage am Parteitag wurde nie gehalten. Jörg Haider war schon zu neuen Ufern unterwegs.

---

119 Die Presse, 26. 9. 1974

Gelandet in Kärnten

Haiders Jugendkarriere wirkte in späteren Jahren auf merk-würdige Weise losgelöst von der Politik des erwachsenen Op-positionsführers. Als wollte er die Erinnerung an seinen Auf-stieg auslöschen, als könnten gefährliche Einsichten darüber aufkommen, wie er sich auf den Weg gemacht hatte, um ganz nach oben zu kommen. Haider redete selten darüber. Was blieb, war der Mythos des einsamen Helden, des Marathon-läufers, der gegen den Wind, der ihm ins Gesicht bläst, wei-terläuft und läuft, um Österreich zu verändern. Haiders wun-dersamer Erfolg bis an die Spitze der FPÖ war in Wirklich-keit eine ganz gewöhnliche, um nicht zu sagen stinknormale Parteikarriere mit den in Österreich üblichen Ingredienzien: Ochsentour, Intrige, Seilschaften, Pakte und Verrat. Mit ei-nem Unterschied: Haider setzte auf eigenes Engagement und auf sein Publikum. Er mißtraute den eingefahrenen Wegen der Partei.

Haider praktizierte bereits in jungen Jahren die chamäle-onhafte Verwandlung. Später sollte sie zu seinem Markenzei-chen werden. Wenn der Jugendfunktionär übers Land fuhr, packte er regelmäßig mehrere Garderobevariationen in sei-nen Mini und schlüpfte im Straßengraben vor jeder Veran-staltung in das jeweils passende Kostüm: Trachtenjanker für die Dorfwirtshäuser, Jeans für die Disko, Anzug und Schlips für das liberale Seminar. Es scheint, als würde die Erinnerung an seine Verkleidungskünste sein neues Image der Ernsthaf-tigkeit in Gefahr bringen. Ältere Fotos vermitteln den Ein-druck eines allzu jungen Schauspielers, der einen Politiker spielt: bubenhaft-freches Grinsen, entblößte Zähne und eine

lächerliche Pose – die Pfeife im Mundwinkel eines Halb-
wüchsigen. Dazu Haiders Anzüge, von denen er zu glauben
schien, sie könnten ihm Würde verleihen.

Erst als Haider 1998 erneut dazu ansetzte, die Scharte seiner Abwahl als Kärntner Landeshauptmann auszumerzen, erinnerte er seine Anhänger am Villacher Parteitag an seine
ganz persönliche Liebesgeschichte, die ihn mit Kärnten verbindet. Er hielt das offenbar zur Anfeuerung seiner Parteigänger für notwendig. Es wurde nicht die übliche Parteitagsrede,
sondern eine Veteranenlegende.

Haider erzählte von seinem ersten Kärntner Anzug und
den Vorurteilen, die er „als G'studierter von Wien" zu über-
winden hatte. Von den gelben Papierblumen, von Frauen-
hand gebastelt, die in seinem ersten Wahlkampf, den er als
Landesparteisekretär zu organisieren hatte, verteilt wurden.
Von den ersten Diskonächten mit Gernot Rumpold. Vom
Schulkampf für „unsere deutschen Kinder" und den vielen
Versuchen, das Leben des „kleinen Mannes" zu verbessern.
„Geld hatten wir nicht viel", sagte er stolz. „Wir", rief er nach
dem sentimentalem Beginn scharf und warnend in den Saal,
„wir werden nie dort sein, wo das Geld ist! Sondern wir wer-
den dort sein, wo das Volk ist."

Er wurde mit 98,7 Prozent zum Spitzenkandidaten gewählt und machte die FPÖ bei den Landtagswahlen zur
stärksten Partei.[120]

Kärnten, das ist das Land, in dem Haider seine Parteifreunde verraten und verkauft hat. Kärnten ist auch jenes
Bundesland in Österreich, in dem alle gut beraten sind zu
schweigen. Kärnten und Haider, die Geschichte des Landes
und die Psychostruktur des Helden, der sich aufmachte, die
Partei zu erobern, passen gut zueinander.

---

120 10. 10. 1998

Was in bestimmten Gegenden Kärntens nach 1945 passiert ist, wurde in der offiziellen Darstellung des Landes jahrzehntelang in mystisches Dunkel gehüllt. Das Schweigen, der Kärntner Abwehrkampf 1918, die Volksabstimmung 1920, bei der übrigens auch die Mehrheit der Kärntner Slowenen für den Verbleib bei Österreich votierte, sind der historische Kitt, der „Deutschkärnten" zusammenhält.

Kärnten war, anders als der Rest Österreichs, schon seit 1942 Kriegsgebiet. Kleine, aber schlagkräftige Partisanentrupps, die im Gebiet südlich von Klagenfurt, in Haiders Bärental etwa und auf der Saualpe, operierten, banden zeitweise bis zu 15.000 deutsche Soldaten. 1942 begannen die Nationalsozialisten slowenische Familien systematisch zu vertreiben oder in Konzentrationslager zu verfrachten. Diese Aussiedlungsaktion verhalf auch Haiders Großonkel aus Südtirol im Jahr 1942 zum Erwerb des Bärentales. Er sollte, wie gesagt, dort das „Deutschtum hochhalten".

In den letzten Kriegstagen im Mai 1945 lieferten sich die britischen Panzer, die – aus Italien kommend – ins Zentrum von Klagenfurt einrollten, einen Wettlauf mit den Partisanentruppen. Die Partisanen kamen unter Tito-Befehl vom Südosten her. Jugoslawien meldete sofort Gebietsansprüche auf Südkärnten an, zu dem auch die Landeshauptstadt Klagenfurt gezählt wurde. Wenn Haider heute in den Kärntner Wahlkämpfen behauptet, der Nachbarstaat wolle Kärnten slowenisieren, dann hat das nichts mit der Realität, aber sehr viel mit Geschichte zu tun.

Nach der Kapitulation kämpften sich noch tagelang vor den Jugoslawen flüchtende Wehrmachtstruppen durch Südkärnten. Partisanen erstellten mit Hilfe der Einheimischen Listen und exekutierten besonders eifrige Nationalsozialisten, aber auch völlig Unschuldige. Die Opfer und die Nutznießer der Vertreibungen durch die Nationalsozialisten, die früheren Gestapo-Spitzel und die Partisanen, die Denunzianten und die Angehörigen der Verschleppten lebten noch jahrzehntelang in den Dörfern nebeneinander.

Das düstere Kapitel österreichischer Geschichte wurde erst wieder diskutiert, als Landeshauptmann Jörg Haider sich in den späten achtziger Jahren weigerte, ehemaligen Partisanen einen Orden zu verleihen.

Symbolisch für das Schweigen ist der Kärntner Landtagsitzungssaal. Seine Wände wurden nach 1945 meterhoch mit häßlichen Funderplatten bedeckt. Die Platten jenes Großindustriellen, der schon vor 1938 die Nationalsozialisten finanziert hatte, der während des Krieges viel Geld machte, und danach natürlich ungeschoren davonkam, verdecken die sogenannten „Anschlußfresken" des Siutbert Lobisser: starke Männer, die Hakenkreuzen-Fahnen schwingen. Die Fresken darüber sind nicht verdeckt. Es sind Szenen aus dem Kärntner Abwehrkampf. Vom selben Künstler.

„Sie haben geglaubt", sagte Haider einmal über die Kärntner Sozialdemokraten, „mit Zudecken ihr schlechtes Gewissen beruhigen zu können".[121] Haider sagte das natürlich in einem vollkommen anderen Zusammenhang. Aber es trifft auf alle politischen Parteien in Kärnten zu.

Die Jahre, in denen Jörg Haider zwischen Klagenfurt und Wien pendelte, waren zweifellos Lehr- und Wanderjahre. Er lernte Parteiintrige, Populismus und die Macht der Geschichte kennen.

In Kärnten, mehr noch als in Wien, konnte er sein Talent zur Entfaltung bringen, spürte er den Funken des Erfolgs und konnte daraus den Schluß ziehen: So muß ich weitermachen!

---

121 Gerhard Seifried, Heimo Toefferl, Drei Genossen, Klagenfurt 1997

Peter Kostelka erinnert sich, daß sie „in der Nacht vor seinem Umzug auf den Kisten in seiner Wohnung gesessen sind". Haider, der damals mit den Kostelkas so gut befreundet war, daß man gemeinsam auf Urlaub fuhr, habe ihn fast ängstlich gefragt, was er von seiner Entscheidung, nach Kärnten zu gehen, halte. Kostelka deutete an, daß er wohl wissen müsse, was dort auf ihn warte, daß er die nationale Ausprägung der FPÖ dort unten wohl kennen müsse. Haider sei dann nicht weiter darauf eingegangen.[122]

„Im national-konservativen Kärnten", so hieß es damals in Zeitungskommentaren, werde es Haider „als Liberaler schwerhaben, nicht aufgerieben zu werden." Viele glaubten, daß sich der Fall Haider damit „erledigt" habe.[123]

In Kärnten hat alles angefangen. Hier durchlief er die Stationen vom blutjungen Maulhelden zum gefürchteten Oppositionspolitiker. Hier wurde aus einem kleinen Parteiangestellten ein Chef, der seine Vorgänger aus der Partei drängte oder ausschloß. Hier hatte die Macht der Sozialdemokratie jahrzehntelang so ungeniert ihr Gesicht gezeigt, daß der Stürmer als Befreier willkommen geheißen wurde. Und hier gingen nicht wenige, die zum politischen Establishment gehörten, stolz mit einer nationalsozialistischen Familiengeschichte hausieren. Sie hatten gemerkt, wie gut man damit ankam.

Haider war kaum 26 Jahre alt, als ihn der damalige Kärntner FPÖ-Obmann Mario Ferrari-Brunnenfeld als eine Art Parteisekretär nach Kärnten holte. Haider war in Wien aufgefallen, aber er war früh vollendet, damals beinahe schon wieder am Abstellgleis.

Er hatte aus dem RFJ eine schlagkräftige und an Mitgliederzahlen starke Organisation gemacht und noch vor dem

---

122 Gespräch mit Peter Kostelka
123 Oberösterreichische Nachrichten, 18. 9. 1976

Ende seines Studiums eine kleine Universitätskarriere begonnen. Unter dem Schutzmantel seines Mentors Günther Winkler erwog er, ein einjähriges Stipendium in den USA anzunehmen. Sein erstes Kind hätte dort zur Welt kommen sollen. Resigniert sagte er bei seinem Abgang als RFJ-Obmann, daß „alles, was nicht aus dem Schoß des Parteiestablishments geboren ist, diesem verdächtig ist".

Als jüngstes Mitglied des FPÖ-Bundesvorstandes hatte er sich in der traditionellen Honoratiorenpartei keine Freunde gemacht. Zum Teil war das eine Frage des Stils. In den Parteigremien hatte Haider meist den Mund gehalten, doch vor und nach den Sitzungen hatte er den Journalisten erzählt, daß er den amtierenden Obmann Friedrich Peter für unfähig und „richtungslos" halte.[124] Haider maß seinen Erfolg am Presseecho.

Die FPÖ hatte in seinen Augen der siegreichen Sozialdemokratie nichts entgegenzusetzen. Keine Werte, außer den zertrümmerten der Vergangenheit, keine Ideen, keine Kraft und keinen Ehrgeiz. Mit den wichtigen Funktionären, eben vor allem mit dem damaligen Bundesobmann der FPÖ, Friedrich Peter, war er zerstritten. Es sah so aus, als habe er eine große Zukunft hinter sich. Sein Vater, der doch mit Peter befreundet war, gab ihm recht. „Mein Sohn soll machen, was er für gut hält", beschied er dem FPÖ-Chef einmal, als ihm dieser vorzeichnete, welche Karriere der Bub machen könne, wenn er nach seiner Pfeife tanzen würde.[125] Nachdem Haider die Obmannschaft des RFJ zurückgelegt hatte, versuchte er in der oberösterreichischen FPÖ Fuß zu fassen. Im Bezirk Gmunden schaffte er es mit Ach und Krach zum stellvertretenden Parteiobmann. Haiders Vater war dort Bezirkssekretär.

---

124 profil 28, 1976
125 Neue Kronenzeitung, 16. 11. 1980

Auf der Landtagswahlliste für die Nationalratswahl stand Jörg Haider an 21. Stelle.

Das waren nicht gerade glänzende Aussichten, um in der Partei weiterzukommen. Da meldete sich der freiheitliche Grazer Bürgermeister Alexander Götz telefonisch bei dem beinahe schon gestrandeten Jungtalent und fragte, ob er ihm als Generalsekretär zur Verfügung stehen würde. Haider hatte Götz immer wieder einmal zum neuen FPÖ-Obmann vorgeschlagen. Haider sagte zu und gab sein Fulbright-Stipendium an der Columbia-Universität in New York auf. Doch aus dem Parteijob bei Götz wurde nichts. Trotz der Fürsprache des Grazer Bürgermeisters war Haider bis auf weiteres an der FPÖ-Spitze nicht durchzubringen. Und Götz selbst mußte auch noch zwei Jahre warten, bis er Peter beerben konnte.

Da sprang der Kärntner Parteiobmann Mario Ferrari-Brunnenfeld ein. „Das ist doch absoluter Blödsinn, das glaube ich nicht", ereiferte sich Friedrich Peter im Sommer 1976 in einem Wiener Club. Vor Zorn war er rot angelaufen, als er vor cocktailtrinkenden Gästen mit dem neuesten Gerücht konfrontiert wurde: Jörg Haider sei eben zum Landesgeschäftsführer der FPÖ in Kärnten aufgestiegen. Peter verließ die Gesellschaft als geschlagener Mann. „Da gibt's nix zu dementieren", hatte Jörg Haider, der ebenfalls anwesend war, dem Parteichef vor Zuschauern triumphierend hingerotzt.[126]

Peter wußte, daß damit sein Schicksal als Obmann besiegelt war. Auf die größte Landesorganisation und auf Ferrari hatte er sich immer verlassen können.

Jörg Haider setzte sich ein paar Tage später sogleich mit Götz zusammen, um die Lage zu besprechen. Jetzt, wo Haider in Kärnten gebunden war, wollte er zumindest seinen

126 profil 28, 1976

Freund Karl Sevelda in einer neu zu schaffenden Wiener Stabsstelle plazieren.[127] Doch auch das mißlang. Und als Götz im Jahr 1978 schließlich doch noch Parteiobmann wurde und keinen von Haiders Freunden oder gar Haider selbst in das neue Zentrum der Macht holte, hätte er mit Haiders Illoyalität eigentlich rechnen müssen.

Am 1. September 1976 trat Haider in Klagenfurt seinen Dienst an. Die eingesessenen nationalen Parteifunktionäre begegneten ihm anfangs mit großem Mißtrauen. Haider war für sie ein liberaler Ehrgeizling, der allzu unbotmäßig seine Ziele in die Welt posaunte. Die Kärntnerin Kriemhild Trattnig, Tochter eines Blutordenträgers, forderte in den Parteigremien, daß „der Rotzbua wieder nach Wien zurückzuschickt werden soll."[128]

Fünfzehn Jahre später sollte sich Haider rächen. Da war der nationale Klüngel um den Huber-Clan bereits zu einer Belastung geworden. Daß Kriemhild Trattnig ihm einst den Weg an die Spitze der FPÖ geebnet hatte, zählte nicht mehr. Im Gegenteil, das machte sie gefährlich. Vielleicht einmal zu oft hatte sie auf ihre Rolle als Haider-Macherin hingewiesen und davon erzählt, wie sie den Buben noch am Innsbrucker Parteitag zur Kandidatur überreden habe müssen. Haiders schwache Momente mitzuerleben ist gefährlich.

In Kärnten begann Haider als Parteisekretär mit organisatorischen Aufgaben. Und er hatte das, was er sein „zweites Bein" nannte: eine Anstellung beim Kärntner Bauunternehmer Kostmann mit einem Monatslohn von 16.000 Schilling plus Dienstwagen. Nach einem Jahr Arbeit, die der Ring Freiheitlicher Wirtschaftstreibender bezahlte, wurde Haider, so erzählt Ferrari, „wegen zu hoher Forderungen" entlassen.

127 Wochenpresse 25, 1976
128 Gespräch mit Mario Ferrari-Brunnenfeld am 2. 3. 1999

„Dann habe eben ich ihn als Angestellten der Partei über-
nommen. Sicherlich gut bezahlt. Er war ja Akademiker."[129]
In der Kärntner FPÖ rumorte es, weil Haiders Verdienst die
Gehaltsstruktur durcheinanderbrachte.[130]

Haider stand den Nationalen gehorsam zu Diensten. Er sei
„aus strategischen Gründen" nach Kärnten gegangen, glaubt
Ferrari. Das südliche Bundesland war neben Salzburg die
mitgliederstärkste Landesgruppe der FPÖ, die einzige mit einem sicheren Grundmandat für den Nationalrat. Der Kärntner Abgeordnete Otto Scrinzi, von dem Kreisky in dieser Zeit
einmal gesagt hat, er sei „auch heute noch ein Nazi", ging
schon auf das Pensionsalter zu.[131]

Es dauerte nicht lange, bis der Psychiater und Erbtheoretiker Scrinzi Jörg Haider ein Freund wurde, der ihn, wie so viele andere vorher, unter seine Fittiche nahm. Haider tauchte
bei Versammlungen gern und oft an der Seite Scrinzi auf und
ließ sich von ihm in die wichtigsten nationalen Clans der
Kärntner FPÖ einführen. Er hatte keine Berührungsängste
mit Scrinzi, der immerhin die „Sterilisation von Unbegab-
ten" guthieß und vor „dem unheilvollen und negativen Einfluß" der Juden warnte.[132] Eine Hand wusch die andere. Einmal war es Haider, der – für alle erstaunlich – Otto Scrinzi
zum neuen Parteiobmann der FPÖ vorschlug. Dann war es
Scrinzi, der sein Nationalratsmandat, allerdings früher, als er
wollte, an Jörg Haider abtrat. In Parteikreisen wurde von Beginn an gemunkelt, die beiden hätten ausgemacht, daß Haider im Jahr 1981, in der Halbzeit der Legislaturperiode,
Scrinzis Nationalratssitz bekommen soll.

---

129 ebd.
130 profil, 6. 7. 1976
131 Bruno Kreisky, Der Mensch im Mittelpunkt, Wien 1996, S. 233
132 Scrinzi 1973, zitiert nach: profil 2, 1984

Warum länger warten als nötig? Nachdem der Erbgesundheitspfleger den Parteiobmann wieder einmal öffentlich beschimpft hatte, wollte man ihn auch in Wien dringend loswerden. Haider half kräftig mit. In einem umstrittenen Vorwahlverfahren ließ er sich in Kärnten zum Listenführer bestimmen und zog am 6. Mai 1979 als jüngster Abgeordneter in den Nationalrat ein. Haider hatte die Sache so klug eingefädelt, daß der hinausintrigierte Scrinzi auch später noch von den „intellektuellen und menschlichen Qualitäten" Haiders schwärmte.[133]

Haider gewann schließlich auch das Vertrauen von Kriemhild Trattnig. Man kam sich über die Familiengeschichte näher. Ihre Väter waren beide 1934 beim Juli-Putsch der illegalen Nationalsozialisten aktiv gewesen: Trattnigs Vater als SA-Truppenführer in Kärnten, Haiders Vater als SA-Legionär in Oberösterreich.

Haider war in einen Kreis geraten, der ihm fremd war und ihm dennoch eine Heimat bot. Die älteren freiheitlichen Funktionäre waren bald vernarrt in den schlagfertigen, begeisterungsfähigen 27jährigen. Wenn sie nach Parteiversammlungen in den Wirtshäusern zusammensaßen und die Zeiten von früher wieder auferstehen ließen, saß da einer, der still zuhörte, nicht widersprach, den sie sich immer schon als Sohn erträumt hatten. Einer dieser Funktionäre brachte ein paar Jahre später diese Beziehung auf den Punkt, indem er sagte, „mit dem Jörg tät ich sofort wieder gegen Russland ziehen, mit dem Steger nicht einmal auf Urlaub fahren".

Haider scheute sich nicht, mit dem NDP-Chef Norbert Burger gemeinsam bei einem Burschenschafter-Kommers in Krumpendorf aufzutreten. Sie hatten Pech: Ein Fernseh-

---

133 profil 26, 1979

Team des ARD filmte die Szene, als sie gemeinsam das alte NS-Lied „Wenn alle untreu werden" sangen. Haider rechtfertigte sich, wie er es in solchen Situationen gern tut: „Norbert Burger? Ich hob den gar nicht zu G'sicht bekommen." Haider hatte sich in der Zwischenzeit auch das Kärntner Idiom zugelegt.

„Der müßt' bei uns sein", sagte Leopold Wagner nach den ersten zwei Haiderjahren bewundernd, „da käme er groß heraus." Nun, es ging auch anders.

In der Landesregierung saßen damals Freiheitliche und Sozialdemokraten, die sich „von früher" kannten. Ferrari-Brunnenfeld, dessen Vater als ehemaliger Nationalsozialist im Internierungslager Wolfsberg eingesessen war, war den Nazis doch kurze Zeit supekt gewesen. Ferrari glaubt, daß ihm die Alten deshalb nicht trauten, Haider aber schon.

Noch in der Mitte der siebziger Jahre, als Kreiskys SPÖ bei Nationalratswahlen die absolute Mehrheit errang, waren vier von zwanzig SPÖ-Mitgliedern des Kärntner Landtags ehemalige NSDAP-Mitglieder, einer sogar SS-Mann gewesen. In der Regierung gab es den Landesrat Hans Schober, der sich, wie Ferrari erzählt, damit brüstete, „schon immer hinter der roten Fahne marschiert zu sein, selbst als sie noch einen großen weißen Fleck in der Mitte hatte". SPÖ-Landeshauptmann Leopold Wagner erinnerte ganz gern daran, daß auch er einmal ein „hochgradiger Hitlerjunge" gewesen war. Als Wagner die SPÖ-Kärnten übernommen hatte, ging in der Zehn-Prozent-Partei, die die FPÖ damals war, die Angst um, nun würden auch die nationalen Stammwähler zur SPÖ abwandern. Man gab sich also alle Mühe.

Im Parteiorgan der FPÖ, den „Kärntner Nachrichten", kommentierte der Parteisekretär Haider „die unzähligen subversiven Versuche ultralinker Minderheiten, die öffentliche Bewußtseinsbildung zu manipulieren, rechtsstaatliche Systeme als Polizeistaaten zu denunzieren und damit den Boden für den Terrorismus aufzubereiten."[134] Er griff nicht ein, wenn dort Broschüren über die „Die Auschwitz-Lüge" inseriert oder antisemitische Leserbriefe abgedruckt wurden. Die Verhältnisse, sie waren halt so.

Jörg Haider erkannte, welche Kräfte hier zu mobilisieren waren. Der „echte Liberale" stieg in den braunen Kärtneranzug, und es war nicht bloß zynische Wetterwendigkeit, wenn er in Wien als jüngster Nationalratsabgeordneter den modernen Antiprivilegienkämpfer und am Kärntner Ulrichsberg den idealen Nationalen gab. Er spielte seine Rollen immer schon glaubwürdig, weil er sich in konkreten Situationen mit dem jeweiligen Gegenüber identifiziert. Er kann gar nicht anders. Seine engsten Mitarbeiter charakterisieren ihn daher als „weich und eher konfliktscheu".

In Kärnten ging es für Haider steil aufwärts. Er verdiente mehr als Parteifreunde in vergleichbaren Positionen. Er fuhr einen Dienstwagen und wollte noch einen Chauffeur dazu. Ferrari behauptet, daß Claudia Haider immer wieder vorgeschickt wurde, um eine Gehaltserhöhung herauszuschlagen. Haider nahm Kredite auf, kaufte ein Grundstück in Klagenfurt und begann, ein Haus zu bauen. Ein zweites Kind war unterwegs. Die Villa sollte ihm später Kopfzerbrechen bereiten, weil in der zerstrittenen Kärntner FPÖ einer dem anderen Schwarzgeldkonten und unversteuerte Bezüge vorwarf. Haider mußte erklären, wie er es geschafft hatte, ein zwei Millionen Schilling teures Haus zu bauen, wovon nur 800.000 Schilling durch Kredite finanziert waren. Haider sagte, das Geld habe er sich in seiner mehr als zehnjährigen beruflichen Tätigkeit nach Ende des Studiums erspart.

---

134 Kärntner Nachrichten, 7. 9. 1977

Die Einrichtung war bieder und lange Zeit provisorisch. Ein Herrgottswinkel in der Küche. Alte Möbel. Haiders Nachtkästchen bestanden aus Obststeigen, die Claudia Haider mit Stoff überzogen hatte. Wie Haider damals wohnte, stand im schroffen Gegensatz zu seinem Wiener Domizil, das er fünfzehn Jahre später einem Kamerateam des ORF vorführte. Da posierte er vor Glas, Stahlrohr und Leder; eine italienische Designer-Wohnung, kühl, reduziert, doch unbewohnt wie eine Koje in einem Möbelhaus.

Als Jörg Haider 1979 in den Nationalrat kam, brauchte er in Kärnten gute Freunde, eine eigene Partie, auf die er sich hundertprozentig verlassen konnte. Er suchte sie in den Wirtshäusern und Diskotheken. So stieß er auch auf den Treuesten seiner Gefährten, den damals 21jährigen Gernot Rumpold. Rumpold erzählt: „Ein Tankstellenbesitzer hat gesagt, den mußt kennenlernen, das ist ein klasser Bursch, der ist super in der Partei. Bis dahin war ich unpolitisch. Um vier Uhr früh haben wir uns in der Tankstelle zur Parteimitgliedschaft bekannt." In einem Gasthaus habe er dann den Jörg getroffen. „Freunde, hat er g'sagt, wir müssen da irgendwas in Kärnten bewegen. Ich brauch euch, weil die Partei hat kein Geld und hin und her. Da haben wir ang'fangen."[135]

Rumpold kam das gerade recht. Sie gründeten den Klub 3, einen Jugendklub, der die Bühne für Haiders Wahlkampf abgab. Die FPÖ schien den Burschen, die nächtelang in Diskotheken unterwegs waren und dort ihre Mitglieder rekrutierten, „zu alt, zu knöchern und zu unflexibel". Tagsüber saßen sie dann daheim, „da haben wir Blumen gezupft und die Blumen wieder ausgeteilt am nächsten Tag. Ein Rund-um-die-Uhr-Team. Das war ein Gefühl der Zusammengehörigkeit, es

---

135 Gespräch mit Gernot Rumpold am 10. 6. 1999

war einfach Revolution. Eine Revolution gegen das Establishment. Auch gegen die eigene Partei. Gegen alles. Im Prinzip gegen alles. Die Partei hat ja gar nicht mitgemacht damals", sagt Rumpold.

Haiders Flirt mit den Nationalen, die Rumpold selbst „gar
net ausstehen" kann, sei ein Zugeständnis an die Verhältnisse
gewesen und auch an Haiders Charakter gelegen. „Der Jörg
ist ja im Grunde seines Herzens kompromißbereit. Er gibt
immer nach. Er hat eine Position und gibt nach." Haider sei
ein „Linksliberaler" gewesen und sie hätten dann eben versucht, „eine homogene Masse aus diesem Kärntner Gebiet zu
bilden".[136]

Als Haider die alte Trattnig-Partei hinter sich geschart und
eine neue Rumpold-Bewegung ins Leben gerufen hatte,
konnte er beginnen, Politik zu machen. In Kärnten hatte die
SPÖ jahrzehntelang mit absoluter Macht regiert. Die SPÖ
hatte das die Menschen, wenn sie einen Kindergartenplatz,
einen Job oder eine Wohnung brauchten, spüren lassen.
„Wenn du in ein Lokal gegangen bist", erinnert sich Rumpold schaudernd, „haben's dich als Freiheitlicher nicht einmal anschauen getraut. Wir waren tabu, ausgegrenzt, vollkommen outlaw, Ostblock."[137]

Macht ist stets gemeinschaftsbildend. Noch in der Unterdrückung empfanden Haider und seine Jünger, daß Macht
eine Funktion in der Gemeinschaft hat, mit der sie selbst gerne spielen würden. Es sollte dann noch zehn Jahre dauern, bis
diese Partie mit Haider an der Spitze als Landeshauptmannpartei in den Landtag einziehen konnten.

Doch der Aufbau einer Parallelstruktur zur Partei war
noch im Experimentierstadium. Im Wiener Nationalrat ver

---

136 ebd.
137 ebd.

suchte sich Haider als seriöser Abgeordneter und bald schon als Sozialsprecher der FPÖ.

Seine Jungfernrede klang noch sehr bescheiden. Haider mußte die Parteihierarchie akzeptieren. Nach einer elfstündigen Parlamentsdebatte kam er als einer der Letzten dran, was ihn ziemlich gekränkt haben muß. Haider: „Ich darf als offenbar letzter der zu Wort gemeldeten (Rufe: Vorletzter!) – vorletzter – eine freundliche Note setzen … (Hohn)".[138]

Er ist nicht wählerisch. Er redet zu allen Themen, die man ihm überläßt. Wie seine Kollegen spricht er eine altösterreichische Bürokratensprache. „Die Grundrechte dienen als Schutzwall gegen den Herrschaftsmißbrauch, der seitens eines absoluten Monarchen nicht mehr zu befürchten ist als seitens der Majorität, dem König der Demokratie."[139]

Es kommt schon vor, daß Haiders Politikmetaphern unfreiwillig komisch klingen: „(…) denn das ist eine sicherlich brennende Frage, die wie eine Woge über uns zusammenschlagen wird, wenn wir nicht rechtzeitig eine Weichenstellung vornehmen." Oder: „Die Nachfragelücke, die allen sehr nachhaltig auf den Kopf fallen kann."[140]

Haider ist um bildhafte Vergleiche bemüht. Er will, daß die Abgeordneten lachen, sich ärgern, daß sie reagieren. So sorgt er sich um die geringe Wahlbeteiligung bei der Arbeiterkammerwahl und stellt einen „demokratischen Kolbenverreiber" in Aussicht.[141] Er hat sich ausgerechnet, daß „aufgrund der Einkommensschwächung dem Ausgleichszulagenrentner 43 Liter Milch von seinem Gehalt weggestohlen worden

138 Stenographische Parlamentsprotokolle, Nationalrat XV. GP, 6. 7. 1979, S. 135
139 28. 4. 1982, 10. 12. 1981, aus: Der kleine Mann, hg. v. Helmut Gruber, Institut für Sprachwissenschaft, Universität Wien, 1986
140 ebd.
141 20. 6. 1976

sind". Er berichtet von seinem Sisyphus-Kampf zur „Vermenschlichung" der Arbeitswelt. Er ist empört, daß die Radiogeräte, die er – im Wahlkampf – den Villacher Eisenbahnern in die Aufenthaltsräume stellen ließ, von der Direktion beschlagnahmt worden waren.

Er stilisiert sich zum Retter der Behinderten, der Bauern und der Mütter, die er am liebsten daheim sähe. Immer wieder greift er die Machtausübung der Sozialdemokraten an. So ist er zum Beispiel überzeugt davon, daß die Startwohnungen für Jungfamilien nur deshalb in Wohnblöcken gebaut werden, damit man sie „als Jungwähler leichter erfassen kann". Er überreicht dem Bautenminister einen Ziegelstein als „Grundstein für eine neue Wohnungspolitik". Er definiert sich als „Sprachrohr des kleinen Mannes".[142]

Haider profiliert sich als sozialpolitischer Sprecher der FPÖ. Dabei nähert er sich den Positionen der Gewerkschaft an. Von Nobert Steger, der in der Zwischenzeit Parteiobmann geworden ist, wird er, nach dem später tödlich verunglückten linken Sozialminister, der „blaue Dallinger" genannt. Haider übertreibt ein bißchen, wenn er die Regierung gleich zu einem „Notprogramm" gegen Arbeitslosigkeit und Betriebszusammenbrüche auffordert. Er beschwört eine Jugendarbeitslosigkeit, die er mit staatlichen Lohnzuschüssen bekämpfen will. Er verlangt den Abbau der Gastarbeiter und einen Gehaltsverzicht der Beamten, um die Arbeitslosigkeit finanzieren zu können.[143] Er will, daß das Recht auf Arbeit und das Recht auf einen Lehrplatz freier Wahl als soziale Grundrechte in der Verfassung verankert werden. Er macht auf das Problem der Sozialversicherungsbürokratie aufmerksam und will

---

142 Neue Kronenzeitung, 16. 11. 1980
143 Salzburger Nachrichten, 2. 4. 1982

die Mehrfachpensionen abschaffen. „Der Luxusstil von Funktionären in staatlichen Monopolbetrieben" kommt ihm ins Blickfeld. Vieles, was Haider damals forderte, konnte er erst durch seine geschickten Skandalisierungen mehrere Jahre später von den Regierungsparteien erzwingen.

Die Lohnsteuerreform, sagt er in einer Plenardebatte 1982, „sollte nur jenen etwas bringen, die es am schwierigsten haben und eine generelle Lohnsteueranpasssung vorerst ausklammern". Dafür ist er für die volle Besteuerung der Gehälter und Zulagen von Politikern. Das und der Privilegienabbau sind fortan seine Dauerbrenner. Er droht Kreisky mit „einem irrsinnigen Wirbel", weil er für seine Hilfe, Ex-Finanzminister Hannes Androsch in die Creditanstalt abzuschieben, noch keine Gegenleistungen im Privilegienabbau sehen könne.

Als eine Reform eine weitere Auffettung der Politikerbezüge vorsah, setzte er seine Parteikollegen einem wochenlangen verbalen Trommelfeuer aus und stimmte als einziger Abgeordneter im Nationalrat dagegen. Er kämpfte – erfolgreich – für die Schichtarbeiter, für ein besseres Krankenversicherungssystem der Bauern, gegen Ungerechtigkeiten bei den Schülerfreifahrten und gegen die Mehrwertsteuer auf Pflegegebühren in den Altersheimen.

Auf Haiders Schreibtisch in seinem Arbeitszimmer im Parlament steht ein weiß gelackter Konfuzius – „als Zeichen politischer Gelassenheit". Er muß das betonen, denn in ihm selbst kocht der Zorn. Er hatte tatkräftig mitgeholfen, den Grazer Bürgermeister Alexander Götz zum Parteichef zu machen. Doch der hatte, unter der Drohung, sonst zurückzutreten, nicht ihn, sondern einen anderen in den Parteivorstand gehievt. Auch mit dem Götz-Nachfolger Norbert Steger war er nicht zufrieden. Der Vorarlberger Walter Grabher-Meyer war jetzt FPÖ-Generalsekretär, und nicht Jörg Haider. Als

Steger das FPÖ-Nationalratsteam mit einer Fußballmann-schaft verglich, gab Haider zurück, daß es „in jeder Mann-schaft einen geben muß, der Tore schießt".[144]

Haider erinnert sich jetzt häufiger daran, daß er Kärntner Abgeordneter ist. Er setzt sich für den Kameradschaftsbund und den Kärntner Heimatdienst ein. An Kärntens Dilemma, sagt er, seien „die Minderheiten schuld"[145]. Da gäbe es Leute, die „einen ganz anderen Auftrag und zwar vom Mutterland aus betreiben".

Als die Spanplattenfirma Funder in Konkurs ging, erklär-ten die SPÖ-Gewerkschafter in Kärnten, sie würden nur Ge-werkschaftsmitgliedern helfen, zu ihrem Geld zu kommen. Haider war sofort zur Stelle und stellte einen Anwalt auch für die anderen bereit.

Nach einer Statistik hat Haider in den achtziger Jahren von allen Abgeordneten am häufigsten das Wort ergriffen. Das schafft ihm nicht nur Freunde. „Hinzufügen muß man", kommentierte die „Kronenzeitung" damals: „Haider ist krankhaft ehrgeizig, und das wird ihm politisch einmal das Genick brechen."[146]

Als Haider im Nationalrat saß, brachte sich auch der alte Freund Rumpold wieder in Erinnerung. „Alter, hast' kei-nen Job für mich im Ausland? Du bist im Nationalrat. Geh', organisier mir einen Job in einer Botschaft, als Chauffeur oder irgendwas." Haider engagierte ihn auf der Stelle für die Nationalratswahalen 1983, die dann unter dem Slogan „Der Jörg, der traut sich was" geführt wurden. Seine heute bis zum Überdruß bekannten Beschimpfungen von Politikern häuften sich; in der FPÖ-Fraktion im Parlament mußte

144 Kurier, 20. 6. 1982
145 Wochenpresse, 30. 9. 1981
146 Neue Kronenzeitung, 21. 5. 1983

Friedrich Peter immer wieder „Ordnung schaffen". Haider war auf dem Sprung. Und Norbert Steger, der Obmann, bemerkte das nicht. Er sei sich „absolut sicher", sagte er, „daß Haider nix anstrebt, wo er mit mir in Kollision kommt."[147]

147 profil 46, 1981

Die Machtergreifung

Jörg Haider hält auf das Immer-schon-Dagewesene, auf das Vergangene. Besonders dann, wenn die Dinge nicht so laufen oder für die Zukunft vielversprechend sind, wie gewünscht. Was er und seine Mitverschworenen aushecken, soll nicht zuletzt wie der Aufguß einer gärenden Massenseele wirken.

Am Linzer Parteitag im Mai 1999 kam deshalb eine langgediente, aber weithin unbekannte Funktionärin zu Ehren. Zwischen dem routinierten Ablauf, den Tagesordnungspunkte vorgeben, ergriff sie „spontan" das Wort, weil sie nicht schweigen wollte darüber, daß das Festklammern an der Macht schon einmal unglückselige Folgen hatte. Sie erinnerte die Delegierten an die Wurzeln der Bewegung, an Jörg Haider also, und wie glücklich sie sein müßten, daß es ihn gibt. Eines Abends im August des Jahres 1986, so begann sie stockend zu erzählen, sei ein kleines, verschworenes Häufchen in der Wohnung eines Kärntner Zahnarztes gesessen und habe Haider Mut zugesprochen: Er solle doch Norbert Steger von der Spitze der FPÖ vertreiben und den faulen Kompromiß mit der kleinen Koalition beenden. Von einem zögerndern, um nicht zu sagen, an sich zweifelnden Jörg Haider war hier die Rede, der, bestürmt und bedrängt, endlich die erlösenden Worte: „Okay, ich mach's!" aussprach.

Das Publikum in Linz blieb kühl. Die Leute waren eher überrascht, solcherart in die ferne Vergangenheit eintauchen zu müssen. Sie waren an diesem strahlenden Frühsommertag zusammengekommen, um in den Wochen bis zur Europawahl noch schnell etwas Kampfgeist zu tanken und eine Kulisse für die große Haider-Rede abzugeben.

Doch das gefühlsbetonte Element in der Parteitagsregie hatte schon seine Richtigkeit. In schlechten Zeiten wird gern an die guten erinnert, an glücklich überwundende Stolpersteine. Die Erinnerung an sie soll als Warnung dienen. Das mußte auch Helmut Krünes erfahren, der bei Haiders Machtübernahme keine ruhmreiche Rolle gespielt hatte. Krünes saß in Linz in einer der hinteren Reihen und hatte wohl nicht im entferntesten daran gedacht, daß alte Geschichten aufgewärmt würden. Schadenfrohe Blicke waren auf ihn gerichtet, als Haider mitten durch den Saal auf „den Opportunisten", wie manch einer zischelte, zuging, ihn in ein auffallend langes Gespräch zog und dabei immer wieder triumphierend um sich sah. Haider liebt solche Gesten, die in der Maske des Freundlichen daherkommen und in Wirklichkeit für den Adressaten demütigend sind.

Die Salzburger Stadträtin, die spontan ihre nostalgische Rede gehalten hatte, war immer schon loyal gewesen.

Jörg Haider besann sich im Jahr 1999, als es bei den Freiheitlichen drunter und drüber ging, nicht zufällig seiner alten, besonders treuen Freunde. Millionen an Steuergeldern für die Parteiarbeit waren verschwunden. Der ehemalige Kassier des Parlamentsklubs Peter Rosenstingl wurde weltweit gesucht. Freiheitliche Finanzhasadeure beschuldigten einander und schließlich beschuldigten sie auch die Parteiführung, von den haarsträubenden Geldtransaktionen gewußt zu haben. Einigen Landesorganisationen war der lange Atem auf dem Weg zur Kanzlerschaft kurz geworden. Sie hatten zu streiten begonnen. In einem dieser Fälle hatte sich Parteichef Jörg Haider im ersten Zorn nicht anders zu helfen gewußt, als sämtliche Salzburger Funktionäre, rund 700 Mitglieder, aus der Partei auszuschließen. Für die Nachlaßverwaltung wurde die aus Haiders Sicht absolut verläßliche Salzburgerin Margot Hofer eingesetzt.

Haiders eigene Parteitagsrede in Linz hatte wenig mit Europa, aber viel mit den Gefahren der Anpassung zu tun. Die Steger-Ära, sagte Haider, die „war das Schlimmste". Die Nationalratswahlen warfen eben schon ihren Schatten voraus. Haider mußte seine Anhängerschaft auf weitere Jahre der Oppositionspolitik einstimmen, auf eine Durststrecke, die es keinem Freiheitlichen erlauben würde, so bald Vizekanzler oder Minister zu sein. Haider war ja Landeshauptmann in Kärnten und im Augenblick für das Kanzleramt nicht zu haben.

Haider hatte sich ein ganzes Politikerleben lang angestrengt, nicht in Anpassung zu enden. Nun suchte die schwindende Kraft ihren Widerschein in der Beschwörung eines Mythos.

Jörg Haider erzählt seine Geschichte vom Aufstieg gern als Kampf für das Gute und gegen das Böse, für die Aufrichtigkeit und gegen den Opportunismus. Er legt Wert darauf, im Jahr 1986, als die kleine Koalition von Sozialdemokraten und Freiheitlichen ächzend ins dritte Jahr ging, von seinen Parteifreunden bedrängt worden zu sein: Widerstrebend sei er gegen seinen Widersacher und Vizekanzler Steger angetreten. Im übrigen kursieren ebensoviele Geschichten von geheimen Treffen, wie es Königsmacher gibt, die glauben, gerade sie hätten den Stein ins Rollen gebracht.

Für einen Obmannwechsel gab es im Jahr von Haiders Machtübernahme gute Gründe. In Meinungsumfragen lag die mit fünf Prozent ohnedies schwache Partei auf dem historischen Tiefstand von einem Prozent. Verschlissen waren Reformkraft und Glaubwürdigkeit. Vizekanzler Norbert Steger war in allen wichtigen Medien des Landes zum Gespött geworden. Dieser Ruf verfestigte sich, als Steger bei einer Staatspreisverleihung an den Waschmittelkonzern Henkel in seiner Rede auf die prickelnden Produkte des gleichen Namens, den Sekt nämlich, zu sprechen kam. Aber das waren nur jene groben Ausrutscher, die ein bereits feststehendes Image beförderten.

So blieb nicht viel, worauf die Freiheitlichen in der dreijährigen Zusammenabeit mit den Sozialdemokraten stolz sein konnten. Der Salzburger Landeshauptmann Wilfried Haslauer wurde vor dem Verfassungsgerichtshof angeklagt, weil er das Offenhalten der Geschäfte an einem katholischen Feiertag erlaubt hatte, an dem die Salzburger erfahrungsgemäß ihre Weihnachtsgeschenke im nahegelegenen Bayern kauften. Handelsminister Steger hatte das in der Regierung mitbeschlossen. Für eine liberale Partei, die den Mittelstand hofiert, war das eine Blamage. Der freiheitliche Verteidigungsminister Friedhelm Frischenschlager war angeschlagen, seitdem Walter Reder wieder im Lande war. Wegen besonders brutalen Vorgehens gegen italienische Partisanen und Dorfbewohner war Reder vierzig Jahre lang in italienischer Haft gesessen. Frischenschlager hatte den begnadigten Kriegsverbrecher nicht nur in Empfang genommen, sondern ihn auch noch mit Handschlag begrüßt. Die freiheitlichen Minister hatten zugeschaut, wie die Polizei auf Anordnung des sozialdemokratischen Innenministers in der Hainburger Au auf Jugendliche einprügelte. Die Verstaatlichte Industrie schrieb Milliardenverluste, die mit Steuergeldern beglichen wurden.

Die Ära Kreisky ging dem Ende zu. Der neue SPÖ-Vorsitzende und Kanzler Fred Sinowatz war nur ein Nachlaßverwalter der Kreiskyschen Idee, die FPÖ als liberale Alternative zu den konservativen Christdemokraten im politischen Spiel zu halten. Sinowatz besaß weder Kreiskys Integrationskraft noch seine Autorität. Das Regierungsbündnis mit den Freiheitlichen hatte er geerbt, ohne es wirklich haben zu wollen. Auf der anderen Seite sah es nicht besser aus. Wie konnte eine freiheitliche Parteibasis, die sich zu 80 Prozent auf dem politischen Barometer rechts der Mitte einordnete, mit einer Mitte-links-Koalition zurechtkommen?

Eines hatten die Freiheitlichen mit der Regierungsbeteiligung freilich schon erreicht. Sie hatten ein Ticket für den Eintritt ins politische Establishment in die Hand bekommen. Schon in den siebziger Jahren hatte Kreisky den Freiheitlichen für die Tolerierung der SPÖ-Minderheitsregierung Aufsichtsratsposten in der Verstaatlichten Industrie und in den Verstaatlichten Banken, Posten in den Obersten Gerichtshöfen und in der Nationalbank, im ORF-Aufsichtsrat und im Gewerkschaftsbund eingeräumt. Diese Brückenköpfe wurden von Steger nun weiter ausgebaut. Das „heimliche Regierungsprogramm" der Freiheitlichen, so stand es damals in den Zeitungen, könne man kurz mit „Triporz statt Proporz" umschreiben.[148] Jörg Haider, der diese Zeit als Kärntner Landesrat hinter sich brachte, genoß solche Berichte.

Haiders eigene Interventionen, sein eigenes Begehren, mit Stegers Hilfe da und dort einem Parteifreund einen Job zuzuschanzen, wurden erst Jahre später, als Steger sein Archiv öffnete, bekannt. Da ging es um freiheitliche Lehrer, deren Bestellung zum Schuldirektor „für uns große Vorteile" ergäbe, wie Haider an Steger schrieb.[149] Ein anderes Mal wünschte er, „der Tochter eines mir sehr gut bekannten Klagenfurter Geschäftsmannes in den höheren Dienst im Außenministerium" zu verhelfen.[150] Haider erbat „Finanzierungsbeiträge" für eine Hotelkette, „in der sich vorrangig freiheitliche Hoteliers zusammengeschlossen haben"[151], oder er fragte nach „Direktorenposten in der Bleiburger Bergwerksunion", für

---

148 profil 2, 1985
149 November 1985, zitiert nach profil 20, 1986
150 ebd.
151 ebd.

die sich „unser Gemeinderatskandidat und Bezirksparteimitglied interessiert".[152]

In der Öffentlichkeit machte sich Haider umso lauter als Anti-Privilegienkämpfer beliebt. Er drohte mit einem Volksbegehren gegen Politikerprivilegien und nannte die Sozialpartnerschaft eine „morbide Staats- und Verbändeorganisation".[153]

Jörg Haider nutzte seine Talente für ein brillantes Doppelspiel. Er kritisierte den Postenschacher und war doch selbst immer auf der Suche nach einem Schnäppchen. In den Parteigremien war er meist Mitversursacher oder sogar Initiator jener Beschlüssse, die er später in der Öffentlichkeit Steger vorhielt. Haider brachte seinen Konkurrenten ordentlich in die Bredouille und sah amüsiert zu, wie der sich herauszuarbeiten versuchte.

Man fragt sich natürlich, warum Steger und seine Leute sich das gefallen ließen. Nun, Haider war besser und geschickter in seinen Inszenierungen. Er hatte das parteiinterne Intrigensspiel in Kärnten gut gelernt und die Parteibasis gegen Steger aufgebracht. Mit dem üblen Beigeschmack des Machthabers war er auch nicht behaftet. Und seine parteiinternen Gegner hatten sich schon lange vorher mit Haider eingelassen, so daß es sich keiner leisten konnte, „unschuldig" gewesen zu sein.

Im Frühsommer des Jahres 1978 trafen sich in Innsbruck vier Männer, die ihre Karriere in der FPÖ beschleunigen wollten. Der Lustenauer Bürgermeister Robert Bösch, ebenfalls ein Freiheitlicher, hatte zwischen den ambitionierten Jungpolitikern vermittelt und eingeladen. Jörg Haider, Friedhelm Frischenschlager, Walter Grabher-Mayer und Norbert

---

152 ebd.
153 Wiener Zeitung, 12. 2. 1983

Steger waren auf dem Sprung in den Nationalrat, und für die Zukunft wollten sie mehr. Der Grazer Bürgermeister Alexander Götz, der bei den Gemeinderatswahlen unglaubliche 25 Prozent der Stimmen erreicht hatte und durch derbe Sprüche auffiel, war gerade dabei, die Spitze der FPÖ zu erklimmen. Die vier gaben ihm kein langes Leben. Sie schlossen ein Schutz- und Trutzbündnis. Man schwor, gemeinsam aufzusteigen, sich gegenseitig zu helfen und verteilte die Posten, die man in der Zeit nach Götz einzunehmen dachte. Steger war damals schon am weitesten vorangekommen. Er war bereits Wiener Obmann und wollte Bundesparteiobmann werden. Walter Grabher-Mayer wünschte sich den Posten des Generalsekretärs, Friedhelm Frischenschlager war an der Programmarbeit und an der politischen Akademie interessiert. Jörg Haider wollte Klubobmann werden.

Die Sache lief wie am Schnürchen. Sie halfen einander bei ihren Wahlkämpfen, und unter kräftiger Mithilfe der Viererbande trat Alexander Götz schon im Dezember 1980 zurück. Jetzt war Steger an der Reihe und das Bündnis auf die Probe gestellt. Auch Haider hätte sich nun lautstark für ihn einsetzen sollen. Doch er zierte sich. Er war nicht erreichbar, als es darum ging, vor der entscheidenden Sitzung den Aufruf „Jugend für Steger" zu unterschreiben. Ein Parlamentssekretär namens Hilmar Kabas wurde losgeschickt, um Haider in seinem Urlaubsort aufzustöbern und ihm dort „die Unterschrift irgendwie abzupressen".[154] Im Parteivorstand kam es zu einer Kampfabstimmung. Steger wurde zwar zum neuen Vorsitzenden designiert, doch ein zweiter Kandidat hatte zeitgleich die Bühne betreten. Harald Ofner, Justizsprecher und ein Nationaler der alten Schule, war von Norbert Gugerbauer zur Kandidatur vorgeschlagen worden. Bis zum or-

154 Gepräch mit Norbert Steger am 2. 6. 1999

dentlichen Parteitag waren noch sechs Monate hinzubringen, in denen nun jeder versuchte, die Delegierten von sich zu überzeugen. Haider war für Steger keine große Hilfe. Er lud Ofner nach Kärnten zu einem Kandidatenhearing ein, um ihn dort bekannt zu machen. Am Parteitag wurde Steger mit knapper Mehrheit gewählt. Nun besaß er Macht und Mittel, um Haider den Weg zu verstellen. Es sei ihm damals schon klar gewesen, sagt Steger, daß „diese Achse nicht halten würde".[155]

Haider machte von Anfang an Schwierigkeiten. Kaum war Steger gewählt, stimmte er im Parlament als einziger gegen das neue Bezügegesetz für Politiker. Plötzlich war er der einsame Rebell, der seine Politikerkollegen beschämte. Steger reagierte sehr verärgert auf die ersten Anzeichen von Haiders Popularität und ließ ihm öffentlich ausrichten, daß er sich damit „für künftige Führungsaufgaben disqualifiziert" habe.[156]

Für Eingeweihte war das eine offene Kriegserklärung. Die anderen drei kamen nach und nach in die gewünschten Parteifunktionen. Den Vorarlberger Grabher-Mayer machte Steger 1982 zu seinem Generalsekretär, was bei Haider höhnisches Gelächter auslöste. Friedhelm Frischenschlager wurde Verteidigungsminister und dann Klubobmann.

Nur bei Jörg Haider haperte es mit der großen Karriere. Fünf Jahre lang war er als Abgeordneter zwischen Wien und Klagenfurt hin- und her gependelt, hatte sich als Sozialsprecher profiliert, in Kärnten Wahlen gewonnen, die Parteibasis fest um sich geschart. Daneben hatte er sogar Parallelstrukturen mit jungen Leuten aufgezogen. Jetzt saß er dort fest. Mit viel Geschick und Ausdauer zimmerte er sich von Kärnten

---

155 ebd.
156 Kurier, 1. 11. 1980

aus ein Podium, auf dem plötzlich nur noch er und Steger einander gegenüberstanden.

Schon die ersten Nationalratswahlen unter Steger im Jahr 1983 boten einen fruchtbaren Boden für die Saat der Unzufriedenheit. Mit einem Stimmenanteil von nicht einmal fünf Prozent hatten die Freiheitlichen einen historischen Tiefstand erreicht. Das war umso schmerzhafter, als Steger eine moderne, liberale und regierungsfähige Partei vorzeigen wollte, in der „Kellernazis" keinen Platz mehr haben sollten. Triumphieren konnten nur die Kärntner. Haider hatte mit Hilfe von Gernot Rumpold und mit großem persönlichen Einsatz um Stimmen geworben. Jedes Dorf wurde besucht, jeder Marktflecken mit einem Haider-Auftritt bedacht. Haider arbeitete an seinem Stil, auf die Leute zuzugehen und Reden zu halten, in denen er über andere Politiker auf eine Art und Weise herzog, bei der man schmunzeln, oft auch lachen mußte. Er lernte die Droge, die Massenversammlungen mit der ihnen eigenen Dynamik bieten, als eine Quelle der Kraft zu schätzen. Er hatte bald heraus, was wann, wo und wie zu sagen war. Er verbrachte die Nächte in den Diskotheken und die Tage in den Bierzelten. Er lernte die Parteifunktionäre in den hintersten Winkeln kennen und eroberte sie im Flug. Er war sich der Unterstützung des unverbesserlichen Altnationalen Otto Scrinzi ebenso sicher wie der Sympathie eines Christoph Zernatto, der damals ÖVP-Parteisekretär war und ihm in aller Freundschaft sogar beim Papierblumenbasteln half. Er schaffte es, Nationale und Liberale, Junge und Alte in einem Heerbann um sich zu scharen. Er absolvierte die Ausbildung zum echten Demagogen, der sich von der Masse inspirieren läßt, bevor er daran geht, sie zu verführen. Er galt als junger, idealistischer Kämpfer, der „einen geraden Weg" verspricht. Wenn Haider heute in Kärnten mit jedem automatisch per Du ist, dann ist das nicht nur Koketterie, sondern gründet darin, daß er im Laufe der Jahre so ziemlich jedem Kärntner Landsmann einmal die Hand hingestreckt hat.

Die SPÖ verlor bei den Nationalratswahlen 1983 die absolute Mehrheit, Bruno Kreisky trat zurück. Sinowatz wurde neuer SPÖ-Vorsitzender, und Nobert Steger wollte zum Abschluß bringen, was Kreisky und Peter in den siebziger Jahren vorbereitet hatten: die Freiheitlichen als Juniorpartner mit den Sozialdemokraten in eine Regierung führen.

In der ersten Sitzung des Parteivorstandes nach der Wahl opponierte Haider noch gegen diese Linie. Hinter dem Rükken Stegers verhandelte er mit ÖVP-Politikern. Im Parteivorstand trumpfte dann auch der Kärntner Parteivorsitzende Mario Ferrari-Brunnenfeld (der noch nicht wissen konnte, daß er bald über Haider stolpern würde) damit auf, daß „höchstrangige Leute von der ÖVP der FPÖ das Handelsministerium versprochen hätten.“

Doch das Handelsministerium konnten die Freiheitlichen auch von der SPÖ bekommen. Schon in der darauffolgenden Woche berichtete Steger, daß Kreisky, der für die SPÖ noch die Verhandlungen führte, eine Koalition mit den Freiheitlichen bevorzugen würde. Haider sah darin plötzlich eine „einmalige Chance“. Nun, er konnte annehmen, daß für ihn ein Ministerposten drin sei. Immerhin war er zwei Jahre zuvor Kreisky zu Diensten gewesen. Er hatte sich dafür stark gemacht, daß Finanzminister Hannes Androsch in die Creditanstalt abgeschoben werden konnte.

Die FPÖ legte sich auf eine Koalition mit den Sozialdemokraten fest und verhielt sich wie der Hungrige vor vollen Töpfen. Als erstes erarbeitete der FPÖ-Vorstand eine umfangreiche Liste, in der sämtliche „Schlüsselpositionen“ aufgezählt wurden, die der Regierungseintritt bieten würde. Das Papier umfaßte „leitende Positionen“ in allen Ministerien, „nachgeordneten Dienststellen, zugeordneten Gesellschaften, selbständigen Wirtschaftskörpern, Fonds, Beiräten, Kommissionen und sonstigen Schlüsselpositionen".[157]

Mit den Ministerposten tat sich Steger schon schwerer. Handelsminister und Vizekanzler wollte er selbst werden. Es schien auch ratsam, den ehemaligen Konkurrenten Harald Ofner ins Team zu nehmen, und da war noch Frischenschlager, der Kamerad von 1978.

Haider meldete sich bei Steger und sagte, er wolle gern Sozialminister werden. Er muß gewußt haben, daß dies unmöglich war, denn diese Position wurde von den SPÖ-Gewerkschaftern in Erbpacht gehalten. Um seine Mannschaft zu prüfen, fragte Steger zuerst jeden, ob er Staatssekretär werden wolle. „Das klingt antiquiert", sagt er, aber er habe gedacht, „wenn einer nicht dienen kann, kann er auch nicht herrschen."[158] Staatssekretär – das war Haider zu wenig. Nach Stegers Plan sollte nun Norbert Gugerbauer Umweltstaatssekretär, der Kärntner Landwirt Kurt Rainer-Mente Staatssekretär für Landwirtschaft und Peter Kapral, ein Mitarbeiter der Industriellenvereinigung, Finanzstaatssekretär werden.

Alles ging schief. Peter Kapral wurde als Parteiloser abgelehnt. Die Kärntner fühlten sich „diskriminiert", und wenn nur ein Staatssekretär möglich war, dann wollten sie den Arzt Ferrari-Brunnenfeld ins Gesundheits- und Umweltressort schicken, in jenes Amt also, das Gugerbauer bereits versprochen war. Damit fiel Rainer-Mente durch, der ja auch ein Kärntner war. Steger beklagte sich später, daß Haider sehr geschickt die Fäden gezogen hätte, um ihn am Ende „allen wichtigen Personen und Ländern gegenüber wortbrüchig" erscheinen zu lassen.[159]

---

157 profil 21, 1991
158 Gespräch mit Norbert Steger am 2. 6. 1999
159 profil 20, 1991

Doch Steger war auch in den folgenden Jahren nicht besonders schlau. Als sich 1986 die Chance bot, sich mit Gugerbauer zu versöhnen, ließ er den Oberösterreicher rechts liegen und machte statt dessen Friedhelm Frischenschlager zum neuen Klubobmann. Gugerbauer soll so enttäuscht gewesen sein, daß er von „Krieg" sprach.

Doch der wurde unter der generalstabsmäßigen Führung Haiders schon längst geführt. Mit Gugerbauers Truppen kooperierte Haider erst in der Endphase, als er sah, daß er die Stimmen der Oberösterreicher dringend brauchte. Haider hatte seine Anhänger von Kärnten aus schon 1983 in Stellung gebracht. Seinen ehemaligen Förderer, den Kärntner Ferrari, zu dem Haider heute voller Verachtung nur noch „eine Automarke" einfällt, hatte er bald überspielt und kaltgestellt. Haider wurde Kärntner Parteiobmann. Einer der braven Parteigänger, die bei Ferraris Sturz mithalfen, war Walter Candussi, der später in der sogenannten „Schweigegeldaffäre" berühmt werden sollte. Aus den guten Zeiten zwischen den beiden stammte ein Vertrag, in dem sie sich zu gegenseitigem Beistand verpflichtet hatten. Das politische Ende Ferraris war mündlich vereinbart worden. Der Journalist Alfred Worm legte das Papier ein knappes Jahrzehnt später dem Gericht vor, um nachzuweisen, daß Gernot Rumpold im Auftrag seines Herrn den unbotmäßig gewordenen Candussi mit einem Geldbetrag zufriedenstellen wollte.

Gernot Rumpold bewährte sich in diesen Jahren in verschiedensten Bereichen. Er organisierte die Wahlkämpfe. Er fuhr übers Land und sammelte Unterschriften für Haiders Kandidatur zum Bundesparteiobmann. Er war Kundschafter für die Stimmung unter den Funktionären. Und er hatte ein offenes Herz für Haiders gekränktes Ego. „Mit der kleinen Koalition hat's ang'fangen" sagt der treue Rumpold. „Das war eine Situation, ich weiß nicht, wie ich sie beschreiben soll, das war interessant. Im Prinzip wollten wir die Koalition nicht. Wir, das sind der Jörg und ich. Wir waren ein Team. Wir haben g'sagt, wenn's so weiterlauft, geht's in die falsche Richtung. Die Koalition ist schlecht verhandelt worden. Der Jörg war nicht im Team, obwohl er als einziger gewonnen hat. Das haben wir nicht verstanden. Aus dem Grund entstand ein Oppositionsdenken, logischerweise. Es war nicht nur gekränkte Eitelkeit, aber das war es auch. Muß ich schon sagen. Ich mein', du bist das einzige Bundesland, das gewinnt. Und bei der Regierungsbildung sitzen dann die, die nix gewonnen haben, das ist doch unlogisch. Für uns. Da haben wir g'sagt, okay, was soll das. Da haben wir natürlich eine Show gemacht damals und haben g'sagt, das wars."[160]

Rumpold, der als „verwöhntes Bürscherl"[161] galt, hatte Haider in einer Zeit kennengelernt, als sein, Rumpolds, Leben ziellos dahintrieb und seine Energie sich in dem erschöpfte, was man so „die Welt auf den Kopf stellen" nennt. „Ich bin ein Chaostyp", ein „ewiger Ausreißer", sagt Rumpold über sich.[162] Er war offenbar eine prächtige Ergänzung zum eher zwanghaft ordentlichen Haider. Von Anfang an war Rumpold Feuer und Flamme für das Projekt, die Steger-Mannschaft hochgehen zu lassen. Endlich hatte er eine Aufgabe und ein Ziel. Für Haider war es strategisches Kalkül. Menschen wie Rumpold „benützt er", sagt Haiders akademischer Mentor Günther Winkler.

Der Anfang der kleinen Koalition war zugleich ihr Ende. Die „Show" startete schon in den ersten Wochen der neuen Regierung. Haider nannte Steger einen „inkompetenten, au-

---

160 Gespräch mit Gernot Rumpold am 10. 6. 1999
161 Gespräch mit Mario Ferrari-Brunnenfeld am 2. 3. 1999
162 Gespräch mit Gernot Rumpold am 10. 6. 1999

toritären Spieler", einen ziemlich erfolglosen Parteiobmann, der die Bevölkerung verunsichert und die Menschen „wie Schachfiguren hin- und herschiebt."[163]

In Wien klagte die Parteiführung, daß sich Haider „aufplustert und immer mehr Gefallen an starken Sagern findet".[164] Kein halbes Jahr war vergangen, und die „Presse" kommentierte, daß „die Zahl jener Förderer Haiders wächst, die zu erkennen glauben, daß der junge Mann auch über ihre politischen Leichen gehen würde, wenn es der Karriere förderlich sein könnte".[165]

Haider kam nur noch selten zu den Sitzungen nach Wien. Wenn er da war, spielte er eine dubiose Rolle. Im Parteipräsidium hatte er eine diebische Freude daran, alle jene Beschlüsse zu forcieren, die er Steger dann in der Öffentlichkeit vorwerfen konnte. Im Fall der Salzburger Ladenschlußaffäre war er dafür, dem Druck der Sozialisten nachzugeben und den Landeshauptmann vor dem Verfassungsgerichtshof anzuklagen. Steger sträubte sich, er fürchtete, sich „lächerlich" zu machen, er wollte kein „Umfaller" sein. Als es dann passierte, war es Haider, der Steger als „Umfaller" verhöhnte. Dasselbe spielte sich bei der sogenannten „Sparbüchelsteuer" ab. Im Parteivorstand war Haider dafür, draußen war er dagegen. Die Unterstützung Kurt Waldheims bei der Wahl zum Bundespräsidenten lehnte Haider zuerst kategorisch ab, dann war er für ihn. Dafür gab es allerdings ein stichhaltiges Argument: Die Mehrheit der freiheitlichen Sympathisanten hatte Waldheim schon im ersten Wahlgang gewählt.

Auf den Parteitagen in Kärnten charakterisierte sich Haider nun nicht mehr als Liberaler, was er manchmal früher ko-

163 profil 34, 1983
164 profil 21, 1991
165 Die Presse, 29. 11. 1983

kett getan hatte, sondern als „National-Freiheitlicher". Gegen die Angelobung von Präsenzdienern im ehemaligen KZ Mauthausen opponierte er mit der kuriosen Begründung, Mauthausen sei eine Angelegenheit der politischen Abteilungen der NSDAP gewesen, und die Militärs hätten damit „nichts zu tun" gehabt. [166]

Bald entdeckte Haider auch die „Diskriminierung Deutsch-Kärntner Kinder in den Pflichtschulen" und machte sich für das Bekenntnis zur Deutschen Volks- und Kulturgemeinschaft im Parteiprogramm stark, das Steger still und heimlich sterben lassen wollte. Als die ersten Gerüchte über Stegers Familiengeschichte, in der ein Jude vorkam, die Runde machten, plauderte Haider über die „persönliche Ehre" eines freiheitlichen Politikers, die in Gefahr sei, wenn „man ihn unter vorgehaltener Hand als Freimaurer oder Halbjuden ins Gerede bringt".[167]

Steger sagt, wenn er im Parteivorstand bisweilen gescherzt habe – „eigentlich sollten wir jetzt einmal zur Klagemauer fahren, denn daß was Jüdisches dabei ist, das war uns immer klar" –, dann seien sie alle ganz ruhig geworden und hätten ihn „so angeschaut". Bei antisemitischen Aussagen habe er Haider allerdings nie ertappt.

Wenn Ferrari von seinen Wochenenden in Kärnten nach Wien zurückkam, berichtete er von „der treudeutschen Auftrittsweise Haiders" und „einer gewissen Restauration der altnationalen Kreise".[168]

Haider hatte es bald geschafft, die Kärntner FPÖ gegen die Führung in Wien einzunehmen. Als Justizminister Ofner einmal nach Klagenfurt kam, um zu vermitteln, war er „er-

166 Wochenpresse 42, 1983
167 Wochenpresse 8, 1985
168 profil 21, 1991

schüttert über das Ausmaß der Uninformiertheit über die tatsächliche Arbeit der FPÖ und die Bosheit, die mir gegenüber geäußert wurde.[169]

„Haider hat einfach die Türen zugeschlagen", sagt Steger „und dann mit all seinem Charme versucht, auch in meine Kreise hineinzuarbeiten."[170] Schon im Februar 1984 wurde Haider in den Zeitungen immer öfter als möglicher Steger-Nachfolger genannt, ein Vorhaben, das er heftig dementierte, um im selben Atemzug mit einem Sonderparteitag zur Ablöse des ungeliebten Steger zu drohen.[171]

Haider machte sich den Kärntner Heimatdienst zunutze. Er unterstützte dessen Volksbegehren gegen das zweisprachige Schulwesen und drohte „schwerwiegende Folgen" an, falls die Bundespartei dabei nicht hinter ihm stünde. Steger dagegen fand es unanständig, „eine Mehrheit über eine Minderheit abstimmen zu lassen".[172]

Nicht nur in Kärnten, auch in anderen Landesorganisationen wurde Steger nun immer häufiger als Niete hingestellt. „Trotz Steger für Dillersberger", lautete ein Wahlkampfinserat, mit dem der Kufsteiner Bürgermeister Siegfried Dillersberger für sich warb. Auf Kärntner Parteitagen wurden Kugelschreiber mit dem Aufdruck „Zum Steger streichen" in Umlauf gebracht. Haider, von der Bundespartei zur Rede gestellt, tat sehr überrascht – „Na scheußlich, wie hat denn das passieren können" – „das kann nur der Scrinzi gewesen sein."[173]

Im zweiten Jahr der Koalition hatte die Eskalation bereits jene Stufe erreicht, auf der klar war, daß nur einer politisch überleben würde.

---

169 Gespräch mit Norbert Steger am 2. 6. 1999
170 ebd.
171 Die Presse, 8. 2. 1984
172 Die Presse, 19. 3. 1984
173 Gespräch mit Norbert Steger am 2. 6. 1999

Aus dieser Zeit stammt ein besorgter Brief von Friedrich Peter an einen Parteifreund. Der alte Mann, der unter Steger den Parlamentsklub führte, war vorsichtig. Er wolle „Mißverständnissen" vorbeugen, schrieb er, sich nicht nachsagen lassen, ungerecht zu urteilen. Er halte „Dr. Jörg Haider für einen begabten Politiker", wie sonst hätte er ihn Jahre hindurch in Oberösterreich aufbauen und fördern können. Aber Begabung verpflichte und dürfe nicht als „Freibrief für politische Narrenfreiheit" mißbraucht werden. Er könne nicht verstehen, schrieb Peter, daß einer, der mit 28 Lebensjahren Nationalrat und mit 32 Jahren Landesrat geworden ist, nicht „in Demut" jenen dankt, die ihm diese Blitzkarriere ermöglicht haben. Der Sündenfall habe damit begonnen, daß Haider „nie einen bürgerlichen Beruf ausgeübt und gleich oben als Nationalrat angefangen hat". So einer sei nie zufrieden, und das Ministeramt habe ihm der Parteiobmann „zu Recht verwehrt".

Aus dem Brief spricht der Groll des Vaters, der sich von seinem Sohn verraten sieht und ihn verstößt: „Wer so verantwortungslos provoziert wie Dr. Jörg Haider es über ein Jahr hindurch getan hat, wer so ins eigene Nest kackt, wie unser Jung-Siegfried es getan hat, der muß endlich zur Kenntnis nehmen, daß ‚Austeilen' und ‚Einstecken', ein untrennbares Begriffspaar sind …".[174]

Peter hatte mit Haider abgeschlossen. Er kündigte eine Aktion an, die ihm selbst schwer genug fiel, weil sie einen Teil seines Lebenswerks in Frage stellte. Er stellte eine Dokumentation aller „parteischädigenden" Haider-Aussagen zusammen, die als Beweismaterial für Haiders Parteiausschluß gedacht war.

Doch auf Haiders Weg gab es kein Zurück mehr. Im Kärntner Landtagswahlkampf 1984 verhöhnte der „Jörg, der

---

174 profil 20, 1991

sich was traut" den Parteivorsitzenden als „Umfaller und Schmähbruder". Es war der erste Wahlkampf mit Hubschraubereinsatz. Als Landesrat hatte Haider das Bundesheer um diesen Dienst gebeten. Nicht einmal das verübelten ihm seine Anhänger.

Steger saß derweil in Wien und wußte wegen der Konflikte um das geplante Kraftwerk in der Hainburger Au nicht ein noch aus. Die Sozialdemokraten in der Regierung hatten die Bauarbeiter aufmarschieren lassen, und die Polizei hatte den Auftrag, das von tausenden Jugendlichen besetzte Gelände zu räumen. So mancher Freiheitliche, wie der Oberösterreicher Norbert Gugerbauer, war selbst in der Au und half dort seiner Tochter aus dem Schlafsack. Haider sah den Zeitpunkt gekommen, um von Steger den Bruch der Koalition zu fordern.[175] Unter dem Druck der Öffentlichkeit verzichtete die SPÖ auf den Bau des Kraftwerks, doch es kehrte keine Ruhe ein.

Ende Jänner 1985 entstieg ein alter, gebrechlicher Mann einer Maschine, die auf dem Grazer Flughafen gelandet war. Friedhelm Frischenschlager stand am Flugfeld und gab dem begnadigten Kriegsverbrecher Walter Reder die Hand. Seine Entschuldigung in einer israelischen Zeitung war für Haider eine „unnötige Fleißaufgabe".

Bei dieser Gelegenheit ließ Haider auch die denkwürdige Bemerkung fallen, die FPÖ sei sicher keine Nachfolgeorganisation der NSDAP, denn wäre sie das, hätte sie in Österreich die Mehrheit. Die Ironie schlug in bitteren Ernst um, als Haider im selben Atemzug mit der Neugründung der FPÖ drohte, und Otto Scrinzi gleich zur Tat schritt und die „Nationalfreiheitliche Aktion" bei der Vereinsbehörde anmeldete. Seine nationalen Freunde und die Kärntner Freiheitlichen, so

---

175 profil 21, 1991

Scrinzi, könnten ja als „geschlossener Körper marschieren".[176]

Nach diesen Ausritten wurde Haider nach Wien zitiert. Einige alte Liberale, wie der VDU-Gründer Herbert Kraus, empfahlen, Haider aus der Partei auszuschließen. Das Protokoll der damaligen Sitzung zeigt eine hilflose Mannschaft: „Steger ist sehr verbittert, weil wieder ein Landesparteiobmann, gegen alle Abssprachen, gegen die Bundespartei vorgeht – und dies wieder über die Medien … Haider verspürt ganz genau, wann die Partei in Schwierigkeiten ist und er sich zu Lasten der Gesamtpartei profilieren kann." Der Steirer Klaus Turek: „Haider hat diese Solidarität, die er verlangt, nie aufgebracht." Die Wienerin Helene Partik-Pablé: „Diesmal hat Haider das Spiel zu weit getrieben …. Haider macht sich lächerlich." – Friedrich Peter: „Er hat wiederholte Male den Tatbestand parteischädigenden Verhaltens gesetzt … Haider stempelt die Österreicher zu Nazis … außer Kontrolle geraten … gehört er aus der Partei ausgeschlossen." Wenige, wie der Kärntner Alois Huber oder der Oberösterreicher Franz Eitzinger, verteidigten Haider und argumentierten, daß „durch die Abholung Reders durch Frischenschlager wieder viele Freunde des nationalen Lagers zu uns gekommen sind"[177]

Haider wurde nicht ausgeschlossen, aber er war lädiert. Auch in Kärnten mußte er eine Niederlage einstecken. Er hatte zwar bei den Landtagswahlen dazugewonnen, doch nun wurde über die Wiener Achse eine kleine Racheaktion gesetzt. Steger hatte Haider schon mehrmals öffentlich vorgeworfen, sein Tourismusressort nicht im Griff zu haben, da der Fremdenverkehr in Kärnten beständig zurückgehe.

---

176 profil 10, 1985
177 profil 21, 1991

Haider wurde zum Straßenbau abgeschoben. „Früher", empörte sich Haider „wurde man auf die Galeere zum Strafrudern geschickt, ich bin auf die Straße gekommen", und er drohte Landeshauptmann Leopold Wagner, daß er das „noch bereuen" werde.[178]

Im allgemeinen stand Haider mit den Kärntner Sozialisten, besonders mit Landeshauptmann Leopold Wagner, auf gutem Fuß. In der Landesregierung machte er keine Spompanadeln. Zu Leopold Wagner schaute er nach ersten Reibereien sogar bewundernd auf, bezeichnete sich als dessen „Lieblingsschüler", was Wagner gar nicht ungern hörte und ebenfalls von seinem „besten Schüler" sprach. In einem Interview mit dem ehemaligen Journalisten Gerhard Seifried, der inzwischen SPÖ-Mitglied und Wolfsberger Bürgermeister wurde, erzählt Wagner, daß Haider jahrelang mit ihm zu jeder Veranstaltung mitgefahren sei, „immer in der ersten Reihe saß und dort zugehört hat, wie der Vater agiert."[179]

In Wagners Zeiten pflegten die Regierungsmitglieder – „zur Auflockerung" – vor der offiziellen Sitzung zwanglos zu plaudern und sich gegenseitig die neusten Witze und Gerüchte zu erzählen. Den Ideen, die dort zur Sprache kamen, begegneten sie am Tag darauf häufig in der lokalen Presse wieder. Dann aber als Vorschläge aus Haiders Mund. Wagner nahm das nicht übel, es imponierte ihm sogar, denn „jeder andere hätte das auch tun können". Haider sei eben schlau genug gewesen.

Unbotmäßigkeiten schätzte Wagner allerdings gar nicht. Vierzehn Jahre lang sollte er über Kärnten herrschen wie ein Feudalherr. Wenn sich Haider allzu sehr in den Vordergrund

---

178 profil 22, 1985
179 Gerhard Seifried, Heimo Toefferl, Drei Genossen, Klagenfurt 1997, S. 164

134

spielte, wies ihn Wagner in die Schranken, wie er es mit allen Leuten tat.

„Er (Haider) hielt in der Regierung lange Vorträge, und immer über seine Sachen – und dabei haben wir immer Zigaretten geraucht, und haben miteinander geredet, dieweilen er sprach. Und dann hab' ich gesagt, nach einer gewissen Zeit, nachdem ich mit großer Geduld zugehört habe … weißt was, lieber Haider, jetzt werde ich dir etwas sagen: Die Leute mögen nicht, daß der Vorsitzende zwanzig Minuten redet. Und sie mögen es überhaupt nicht, wenn da ein Regierungskollege, noch dazu der jüngste Bua, den wir da haben, so lange Reden hält. Konzentriere dich auf das wesentlichste, sonst ist die Diskussion abgebrochen. Dann hat er immer eigentlich brav gesagt, okay."[180]. Bei Wagner parierte Haider.

Die Beziehung des Lieblingsschülers zu seinem Lehrer, die offenbar die einzige ist, in der Haider jemand anderen eine Zeit lang als Autorität anerkennt, hat noch im Frühjahr 1998 in der Kärntner Sozialdemokratie große Verwirrung gestiftet. Bei Wagners Geburtstagsfest marschierte Haider unter den bösen Blicken der Genossen durch den Saal auf den Siebzigjährigen zu und gratulierte. Nach seiner ersten Wahl zum Kärntner Landeshauptmann hatte er Wagner als Zeichen besonderer Wertschätzung sogar die Nummerntafel seiner Landeshauptmann-Karosse – K1 – geschenkt.

Das erste Halbjahr 1986 war von der Waldheim-Affäre überschattet. Hatte Haider anfangs noch die Parteiführung aufgefordert, „sicherzustellen, daß der sozialistische Kandidat Bundespräsident wird", lehnte er sich bald zurück und verfolgte hellhörig die aufbrechende Vergangenheitsdebatte.[181] Er schwenkte schließlich auf die Seite des ÖVP-Kandidaten

180 ebd., S. 169
181 profil 21, 1991

135

Waldheim und hoffte, daß „die Sozialisten als einziger Verlierer aus der Wahl hervorgehen". Als Waldheim im zweiten Wahlgang schließlich mit den Stimmen der FPÖ-Sympathisanten ins Amt gewählt wurde, wusch Haider in Sachen Antisemitismus seine Hände in Unschuld. Er selbst hatte ja bloß von „gewissen Kreisen in Amerika aus dem jüdischen Element" gesprochen.[182]

Die Wirkungen der Waldheim-Debatte sind für Haiders Aufstieg zwiespältig zu beurteilen. Einerseits sammelte sich hinter dem Bundespräsidenten die Kriegsgeneration und sagte Dinge, die jahrzehntelang tabu geblieben waren. Antisemitismus war über Nacht wieder salonfähig geworden. Haider konnte wie in einer Versuchsanordnung die österreichische Seele studieren. Die Meinungsforschung, die in diesen Monaten die antisemitische Einstellung der Österreicher abfragte, kam zu erschütternden Ergebnissen. Andererseits war eine dominant nationale Figur, wie Haider sie immer besser darzustellen vermochte, für die politische Elite des Landes, die wohl auch erschrocken war über das, was da herauskroch, zugleich der weißeste Persilschein, den sich die Großparteien nur wünschen konnten. Egal, wer im Waldheim-Rummel etwas gesagt hatte – wenn es überhaupt noch Nazis gab, dann saßen sie ohnehin in Haiders Boot.

Im April 1986 wurde Haider von einem privaten Glücksfall begünstigt, der plötzlich alles möglich machte: Es war abzusehen, daß er das Bärental erben würde, denn schon im Jänner – als Haider wohl nicht ganz zufällig den Angriffen gegen Steger eine neue Schärfe verlieh – hatte ihm sein Südtiroler Onkel in einem Café in Sillian mitgeteilt, daß er mit seinem Rechtsanwalt „alles fertig machen

---

182 Wochenpresse 50, 1986

soll".[183] Am 25. April 1986 traf man sich zur Vertragsunterzeichnung: der Südtiroler Unternehmer Wilhelm Webhofer aus Bruneck und dessen Neffe Jörg Haider nebst Notar und Anwalt. Der damals 69jährige Webhofer, ein kinderlos gebliebener Junggeselle, legitimierte sich mit einem Waffenpaß. Die Liegenschaft mit einer Ausdehnung von 1.565 Hektar im Wert von 300 Millionen Schilling ging in Haiders Eigentum über. Die Nutzung des Bärentals, den sogenannten „Fruchtgenuß", behielt sich der Onkel bis zu seinem Ableben vor. Daß es sich um ehemals jüdischen Besitz handelte, war damals noch nicht öffentlich bekannt. Haiders Schwester bekam ebenfalls ein kleines Grundstück. Der Onkel Webhofer, sagt Ursula Haubner, sei ein „wortkarger, aber herzensguter Mann, der den Jörg schon als Kind ins Herz geschlossen hat". Der nächste Verwandte, ein Lieblingscousin von Ursula, der sogar seine ganze Kindheit mit dem Onkel in Bruneck verbracht hatte, ging dagegen leer aus. „Wissen Sie, beim Erben ist das einmal so und einmal so. Das Ganze dürfte durch die exponierte Lage des Herrn Doktor Haider passiert sein. Er steht halt im Scheinwerferlicht", sagte Gernot Thaler damals enttäuscht.[184] Steger will nicht ausschließen, daß an das Erbe gewisse politische Bedingungen geknüpft waren.

Am Abend des Tages, an dem er das Bärental bekam, kündigte Haider Steger die Zusammenarbeit auf und legte die Beziehungen zur Parteispitze still.[185]

Nun war es für Friedrich Peter hoch an der Zeit, sich von dem „egoistischen Ehrgeizling" zu trennen. Haider kümmerte das nicht mehr. Während in Wien noch beraten wurde, ob

---

183 Kurier, 8. 6. 1986
184 Wochenpresse 22, 1986
185 Kärntner Tageszeitung, 21. 5. 1986

man Haider in Abwesenheit ausschließen sollte, meldete sich der Grazer Obmann Paul Tremmel telefonisch bei Haider und fragte, ob er zur Kandidatur gegen Steger bereit sei. Haider sagte „ja" und Tremmel versprach, genügend Unterschriften für einen Sonderparteitag aufzutreiben.

Der Kampf um die Macht beschleunigte sich. Der 67jährige Chef der Bezirksgruppe Linz-Land, Raimund Wimmer, der Kopf des berüchtigten Lorenzener Kreises, ging mit den Worten „Steger gehört weg" in die Öffentlichkeit.[186] Der Oberösterreicher Norbert Gugerbauer schlug Harald Ofner als Steger-Nachfolger vor. Die Salzburger Freiheitlichen wollten, wie die Grazer, lieber Haider an der Spitze sehen. In seiner Verzweiflung erstattete Steger beim Parteischiedsgericht eine Anzeige gegen Haider, die jedoch im Sand verlief.

Allmählich zeichnete sich zwischen den späteren Konkurrenten Haider und Gugerbauer ein Gleichstand ab. Die Kärntner hatte Haider ohnehin schon ganz auf seine Seite gebracht. Beim Landesparteitag tobten die Funktionäre, „nicht einmal als Kriegsgefangene seien sie so schlecht behandelt worden wie jetzt von Steger".[187] Bei dieser Gelegenheit fiel auch der denkwürdige, schon zitierte Spruch eines Delegierten, der „mit Steger nicht einmal auf Urlaub fahren, mit Haider jedoch nochmals nach Rußland marschieren" wollte.[188] Nach dieser überhitzten Versammlung und einer durchzechten Nacht fuhr Haider mit Jörg Freunschlag und Kriemhild Trattnig zum Parteipräsidium nach Wien. Steger hatte die Sozialisten um Hilfe gebeten. Er konnte im Parteivorstand berichten, daß Kanzler Fred Sinowatz die Koalition aufkündigen würde, wenn Haider die FPÖ übernähme.

---

186 profil 19, 1986
187 Kleine Zeitung, 22. 5. 1986
188 profil 22, 1986

Haider fuhr kleinlaut, aber nicht geschlagen wieder heim. Er zog seine Kandidatur zurück. Er werde doch seinen Kopf „nicht aufs Fallbeil legen", sagte Haider. Er ahnte, daß die Mehrheit in der Partei zwar auf Steger, nicht aber auf die Regierungsbeteiligung verzichten wollte. Jedenfalls noch nicht.

Gugerbauer, ein strategischer Kopf, dem nachgesagt wird, daß er nicht leicht zu durchschauen sei, nützte das Machtvakuum und stellte in mehreren Interviews kühl fest, daß „Haider gegenwärtig nicht die nötige Integrationskraft" besitze und daher nicht für die Obmannschaft in Frage komme.[189] Gugerbauer brachte sich mit koalitionsfreundlichen Aussagen selbst ins Spiel.[190] Er gab sich als Wähler des sozialdemokratischen Präsidentschaftskandidaten Kurt Steyrer zu erkennen. Er sagte, er könne nicht akzeptieren, wie Kurt Waldheim mit seiner Kriegsvergangenheit umgehe. Waldheim habe „Wunden aufgerissen, die Österreich in den kommenden Jahren sehr zu schaffen machen werden".[191]

Das „Steger ausheben", wie Gernot Rumpold es nennt, trat seiner Ansicht nach in eine entscheidende Phase, nachdem er mit dem alten Haudegen Raimund Wimmer Tacheles geredet hatte – obwohl man von „Tacheles" hier nicht reden dürfte, weil Wimmer derjenige war, der sich Jahre später über die „Bajekeles-Juden" auslassen sollte.

Wimmer war, laut Rumpold, „ein wirklicher Revoluzzer", der es nicht aushielt, daß seine Freiheitlichen mit Sozialisten in einer Regierung saßen. Es habe dann mehrere Treffen gegeben, in denen „der Jörg nicht wollte und den Gugerbauer vorgeschlagen hat". Rumpold nahm das nicht weiter ernst,

189 profil 20, 1986
190 profil 25, 1986
191 profil 23, 1986

139

weil „der Jörg oft schwankt und sich immer alles offen hält".[192]

Gugerbauer habe „von Anfang an eine andere politische Linie verfolgt und die Regierung erhalten wollen. Wir wollten das nicht", sagt Rumpold, „wir wollten so stark werden, daß wir dann anschaffen können." Erst als Gugerbauer eingesehen habe, daß ihm das nötige „Charisma" fehle und er keine Mehrheit bekommen würde, habe er „Jörg als Charismatiker vorgelassen" und tapfer mitgespielt. Im Hinterkopf habe Gugerbauer aber immer sich selbst als Obmann gesehen. Erst eine Woche vor dem Parteitag sei klar gewesen, sagt Rumpold, daß Haider die Mehrheit der FPÖ-Funktionäre auf seiner Seite habe. „Als mir der Raimund bei diesem letzten Treffen einen Zettel rübergeschoben hat, auf dem geschrieben stand: Wir machen das."[193]

Für die FPÖ ging es damals ums schiere Überleben. Nach Meinungsumfragen lag sie bei einem Prozent-Wähleranteil. In der SPÖ erstrahlte Franz Vranitzky als der kommende Mann. Norbert Steger wußte, daß er verloren war und versuchte in allerletzter Minute, Helmut Krünes an der Spitze zu etablieren. Krünes war sein Überraschungskandidat, mit dem er Haider überrumpeln wollte. Kurz vor dem Parteitag in Innsbruck am 13. September pilgerte Steger noch einmal zu Fred Sinowatz und Franz Vranitzky und informierte sie, daß er nicht mehr als Obmann kandidieren und Krünes vorschlagen werde.

Haider suchte derweil bei seinem Lehrmeister Wagner Lebenshilfe. Wagner erzählte ihm, was er gerade von den Wiener Genossen gehört hatte: daß der Gegner nicht mehr Steger, sondern Krünes hieß. Er riet ihm, es trotzdem zu versu-

---

192 Gespräch mit Gernot Rumpold am 10. 6. 1999
193 ebd.

chen: „Ich habe zu ihm gesagt, der Kandidat ist längst der Verteidigungsminister Krünes. Und der ist 44 Jahre alt, da bist du, wenn der geht, nicht mehr jung genug, bist schon zu alt, jetzt bist du zu jung, ich weiß nicht, wie das geht. Wenn du aber die Macht hast und die Kraft, dann mußt du dich jetzt da draußen durchsetzen. Wenn Steger selber eh nicht mehr kandidiert. Denn dann ist es kein Königsmord, sondern ein Kampf um den verwaisten Thron." Wagner ist heute noch stolz darauf, „wie er entschlossen – nachdem er draufgekommen ist, daß ich das richtig einschätze, daß der Krünes der Kandidat war – wie er entschlossen dann zum Kampf angetreten ist".[194]

Haider war also vorgewarnt, als er mit seinen Freunden Armin Kordesch, der damals noch in einem Reisebüro arbeitete und sich extra Urlaub genommen hatte, mit Rumpold und seiner Frau Claudia nach Innsbruck flog.

In den hinteren Reihen des Kongreßcenters saßen die Kärntner und die Oberösterreicher im Pulk, die gleich zu Beginn der Tagung die Schlacht mit Buhrufen oder Applaus eröffneten. Steger trat ans Rednerpult, hielt einen kurzen Rechenschaftsbericht und schlug Helmut Krünes als seinen Nachfolger vor. „Jörg, ergreife die Hand und schlag sie nicht zurück", waren seine letzten Worte. Viele waren gerührt, es gab lang anhaltenden, erleichterten Applaus. Haider verbiß sich in seiner Pfeife, schaute suchend um sich, während seine Anhänger ihm heftig zunickten. Dann sah man, wie er und Gugerbauer sich mit Krünes zurückzogen. Die beiden versicherten Krünes, daß er auch unter Haider den Posten des Vizekanzlers bekommen würde. Krünes war das auch recht. Er akzeptierte per Handschlag. Dann betrat Haider selbstbe-

194 Gerhard Seifried, Heimo Toefferl, Drei Genossen, Klagenfurt 1997, S. 169f.

wußt die Tribüne: „Ich schlage Ihnen eine Lösung vor, die zweifelsohne die stärkste und fürchterlichtste Kampfansage auch an die alten Parteien sein wird. Ich werde mich als Parteiobmann bewerben. (...) Und wenn ihr mir das Vertrauen schenkt, wird der Vizekanzler in der Regierung Helmut Krünes heißen."[195] Es herrschte heillose Verwirrung. Steger unterbrach die Sitzung und forderte Krünes auf, „klarzustellen, daß er mein Kandidat ist".[196] Krünes schwieg. Nach einer Aussprache zwischen Steger und Haider sprach er von einem „Mißverständnis", und daß er nicht gegen Haider antreten werde.[197] Steger stand plötzlich ohne Kandidaten da und mußte sich selbst als seinen eigenen Nachfolger präsentieren. Dann trat Gugerbauer vor den Parteitag hin und legte ein Schäuflein nach. Gugerbauer erzählte von einem Telefongespräch, das er mit Steger geführt hatte, um einen Kompromiß zu erzielen. Steger soll dabei gesagt haben: ‚Na gut, da werd' ich halt auch den Haider mit ins Grab nehmen.'[198] Die Delegierten waren empört. „Er hat den Steger öffentlich seziert", schwärmt Rumpold heute noch.

Die Mehrzahl der Delegierten rechnete in Innsbruck nicht damit, daß Haiders Wahl den Bruch der Koalition zur Folge hätte. Da half auch eine kopierte Abendausgabe des „Kurier" nicht, die genau das am Cover ankündigte und von den Steger-Leuten verteilt wurde. Ex-Kanzler Franz Vranitzky sagte später, er habe mit Haider telefoniert und ihm unmißverständlich klargemacht, daß die Koalitionsvereinbarung Steger betreffe und niemand anderen. Haider will etwas anderes aus Vranitzkys Worten herausgehört haben. Steger wur-

---

195 Gerhard Kurzmann, unveröff. Manus zum Innsbrucker Parteitag
196 profil 20, 1986
197 Protokoll des Innsbrucker Parteitags
198 Gerhard Kurzmann, unveröff. Manus zum Innsbrucker Parteitag

de mit 42 Prozent der Stimmen abgewählt. Haider wurde mit 57,7 Prozent Zustimmung der neue Parteivorsitzende der FPÖ.

Die Sieger brüllten „Sieg Heil." Generalsekretär Grabher-Mayer wurde mit einem Kreislaufkollaps ins nächste Krankenhaus transportiert. Stegers Mitarbeiter drückten Rumpold ihre Kündigungsschreiben in die Hand, weil sie ihn für den Zuständigen hielten. Stegers Ehefrau mußte sich anhören, daß ihr Mann eigentlich „vergast" gehörte.

Wer für die Ausfälle verantwortlich war, wurde nie geklärt. Journalisten, die sich als Zeugen angeboten hatten, wurden von der neuen Parteiführung nie gefragt. Nur ein Mitglied der Bundesparteileitung kam vor ein Parteischiedsgericht. Er hatte im Siegestaumel Adolf-Hitler-Gedenkmünzen unter die Leute gebracht. Die FPÖ wurde aus der Liberalen Internationale ausgeschlossen. Haider klopfte wenige Stunden nach seinem Erfolg wieder bei Wagner an und bat ihn, ein Gespräch mit dem SPÖ-Vorsitzenden zu vermitteln. Sinowatz, so erinnert sich Haider, habe ihm versichert, daß es Sache der FPÖ sei, wen sie zum Obmann wähle und daß dies keine Auswirkungen auf die Koalition habe.

Doch Sinowatz hatte nichts mehr zu entscheiden. Kanzler Franz Vranitzky hatte bereits am Sonntag, am Tag nach der Wahl, Nobert Steger bei sich zu Hause empfangen und dann in kleinem Kreis beraten.[199] Als der Parteivorstand der SPÖ Montag abend zusammentrat, hatte Vranitzky über das Radio die Koalition längst aufgekündigt. Einige SPÖ-Vorstandsmitglieder waren dagegen gewesen. Leopold Wagner spricht heute noch von einem Fehler: „Ich mag ihm nicht

---

199 Fred Sinowatz, Karl Blecha, Heinz Fischer, Franz Löschnak, Heinrich Keller, Peter Schieder. nach: Anton Pelinka, Die kleine Koalition, Wien 1993

auf die Zehen steigen, weil den Fehler hat ja unser Kanzler gemacht. Weil, wenn der Benya, der Kreisky, der Gratz, der
Blecha, ich, der Marsch und alle sagen: wir setzen die Koalition mit ihm fort, dann hat der Kanzler das zu machen gehabt.
Wir hätten uns das alles erspart, was da stattfindet. Er wäre
ins Parlament gekommen als Vizekanzler und hätte die ÖVP
zusammengedroschen, daß es nur so raucht. (…) Und er hätte bei der darauffolgenden Wahl vier Prozent mehr als Steger
gehabt, aber er wäre kontrollierbar geblieben. (…) Obwohl
ich gesagt habe, damals draußen in Wien, und der Kreisky
und alle: länger als zwei Jahre geht das natürlich nicht. Dann
muß man einen Absprung finden. Weil in vier Jahren wird er
dann anfangen, selber auf Distanz zu gehen und mit dem
Wechselspiel der Kräfte anfangen. Aber zunächst wird er berauscht sein von dem, was aus ihm geworden ist. Haben sie
alles nicht beachtet. Hat Vranitzky im Radio schon gesagt, er
hat die Koalition aufgekündigt."[200]

---

200 Gerhard Seifried, Heimo Toefferl, Drei Genossen, Klagenfurt
    1997, S. 170f.

Haiders Gedankenreich

Ein Parlamentsbesucher, der die Langeweile nicht scheut, die sich einstellt, wenn er von der Journalistengalerie auf die Köpfe der Abgeordneten hinunterblickt und dabei die erbarmungslosen Wiederholungen in den Reden an sich vorbeirauschen läßt, konnte den Abgeordneten Haider bisweilen in einem Männermodenkatalog blättern sehen. Soviel von oben zu erkennen war, handelte es sich um ein aufwendig gestaltetes Magazin, Hochglanz, Männermodels in Frottee, Leder und schwarzem Tuch. Haider schmökerte mehr als einmal darin, verstohlen wie ein Schulbub. Er zog es gerade so weit aus der Tischlade, daß er es aufschlagen konnte. Es kam auch vor, daß er sich des freien Mandats oder der Abwesenheit eines Lehrers bewußt wurde, und dann legte er das Magazin aufs Pult oder reichte es in der Nachbarschaft herum.

Kein konservativer Politiker, der auf sich hält, würde das wagen – im Hohen Haus, im Tempel der Ernsthaftigkeit und der grauen Anzüge. Aber Haider ist ja nicht konservativ. Oder doch?

Mag sein, daß er nachschlug, um auf der Höhe der Zeit zu sein oder sich zumindest so zu kleiden. Es ist sein Markenzeichen, nach dem letztem Schrei gekleidet aufzutreten. Daß sein ganzer Aufzug manchmal übertrieben wirkt, weil er sich sklavisch an die Vorlagen hält, daß er sich fortwährend voll Genugtuung von oben bis unten betrachtet, zeigt nur, daß er gesellschaftliche Konventionen nicht von Kindesbeinen an mitbekommen hat, sondern sich später mühsam hat erarbeiten müssen.

Irgendwann muß er bemerkt haben, daß Kleider dabei

helfen, einen Rebellen vorzutäuschen, wo in Wirklichkeit ein Biedermann ist.

Mittlerweile pflegt Haider einen virtuosen, nahezu postmodernen Umgang mit Zeichen und Codes in Benehmen und Kleidung. Das kann zu überraschenden Einsichten führen. Als Haider im vergangenen Sommer auf der Seebühne am Wörthersee eine Pressekonferenz abhielt, trug er ein helles, elegantes Sommersakko. Doch mit dem Kleidungsstück, das er der Hitze wegen bald ablegte, war auch der Landeshauptmann verschwunden. Man suchte ihn vergeblich. Schnell hatte er sich seiner sonnenbebrillten, athletischjungen Anhängerschaft angeglichen. Kein anderer Landeshauptmann ist je so volksnah gewesen. Ein Kärntner Maturant sagte einmal, für ihn sei Haider „am ehesten noch ein Punk, also irgendwie anarchistisch."[201]

Haider kämpft schon lang nicht mehr mit Stilunsicherheiten. Die überraschenden Wandlungen im Äußeren sind eine psychologische Strategie, mit der er seine Umgebung manipuliert.

Bei Auftritten in der sogenannten „feinen Gesellschaft" gefällt er sich gern in der Pose des Unangepaßten. In gigerlgelben Wanderschuhen mit dicker Kreppsohle hielt er Einzug in den Salon eines Wiener Palais, in dem der FAZ-Korrespondent Andreas Razumovsky seinen Abschied von Wien feierte. Auch Jacke und Hose waren aufdringlich bunt. Haider kannte den Journalisten lange und gut genug. Es verband sie sogar eine Art von nützlicher Freundschaft. Haider wußte von Razumovskys adeliger Herkunft, und er schätzte die Verbindungen und Bekanntschaften, die damit einhergehen. Er paradierte in seinem grotesken Aufzug und schaffte es trotzdem, oder gerade deswegen, unter den Gästen so etwas

---

201 profil 14, 1999

wie ein Gravitationszentrum zu bilden. Haider kann sehr charmant sein.

Man kann annehmen, daß er die bürgerlich-urbane Welt verachten muß, um so souverän mit ihr spielen zu können. Sie ist für ihn etwas Feindliches, das es zu erobern gilt. „Manchmal haßt man auch das, was man im tiefsten Inneren liebt und bewundert", schreibt er in seinem Buch „Die Freiheit, die ich meine".[202] Es ist Haiders Tragik, daß er Liebe und Haß nur narzißtisch auf sich selbst bezogen denken kann.

Immer wieder preßt er sich in Kreise, die ihm fremd sind, als suche er neue Nahrung, um seinen Haß lebendig zu halten. Eines Abends ging er in ein Wiener Innenstadt-Lokal, das eine Zeit lang von Journalisten, Intellektuellen und Künstlern frequentiert wurde. In Haiders Vorstellung war das wohl die „Szene", die auf dem Wiener Parkett das Sagen hat und die ihn nicht haben will. Haider kam nicht allein, sondern in einer Gruppe von Schlachtenbummlern. Er hatte richtig kalkuliert. Er war dort nicht erwünscht. Hinterher sagte er, den „Juden" sei es seinerzeit genauso ergangen.

Einmal begehrte Haider Aufnahme in jenen traditionsreichen Wiener Tennisclub, in dem auch der „Krone"-Kolumnist „Staberl" und Ex-Finanzminister Hannes Androsch eingeschrieben sind. In geheimer Abstimmung wurde Haiders Antrag abgelehnt. Einer der Befürworter gab einer „jüdischen pressure group" die Schuld. Der Verein sei nämlich „zu 15 Prozent durchjudet", rechnete der Herr vor, der es vorzog, anonym zu bleiben. Immer wieder zieht Haider solche Wortmeldungen auf sich. Erbitterung über diese Vorfälle konnte er nie verbergen. Sie festigten seine Vorstellung, daß die „intellektuelle Kaste gestürzt" werden müsse. Auf die Verweigerung seiner Zugehörigkeit reagiert Haider sehr sensibel. Da

202 Jörg Haider, Die Freiheit, die ich meine, Frankfurt 1993

verzeiht er nichts. Da empfindet er alles gegen sich gerichtet. In seinem Buch „Befreite Zukunft jenseits von rechts und links" erzählt er eine Geschichte, die sich bei der Biennale in Venedig zugetragen haben soll: „Der freiheitliche Kultursprecher mußte bei einer gemeinsamen Bootsfahrt mit österreichischen Künstlern und Kulturpolitikern der Regierung auf Verlangen der linken österreichischen Kulturschickeria das Boot verlassen, damit man ‚wieder unter sich' sein konnte." Der private Vorfall beweist ihm, unter welch maßlosem politischem Druck „das Land leidet".[203]

Es muß ihn auch geärgert haben, als er in Brüssel vier Stunden lang im Immigrationsbüro der Flughafenbehörde festgehalten worden war. Er war ohne Ausweispapiere zum Fußball-Europacupfinale angereist und wurde wie jedermann behandelt. Seine Begleiter erzählten noch Wochen später in schillernden Farben von dem Gedränge von Fremden in langen Gewändern, Kaftans und Zehenschlapfen, auch Drogenhändler sollen darunter gewesen sein, in deren Mitte man sie warten ließ. Es steht zu befürchten, daß dieses Erlebnis seine Vorurteile gegen die EU-Hauptstadt und gegen die „Ausländer" aufs Neue bestärkt haben.

Wer so überempfindlich auf die eigene Position konzentriert ist, kann auch andere trefflich demütigen. Man erinnert sich, daß Haider bei seinem ersten großen bundesweiten Wahlerfolg den politisch und gesundheitlich angeschlagenen ÖVP-Vorsitzenden Mock wie eine Kleiderpuppe vor laufenden Kameras herumschob. Er macht sich auch öfters einen Spaß daraus, seinen eigenen Leuten vor Publikum den Herrn zu zeigen. „Komm her, Hojac", befiehlt er dann seinem Schammes Peter Westenthaler, der seinen fremdartig klin-

---

203 Jörg Haider, Befreite Zukunft von links und rechts, Wien 1997, S. 12

genden Namen ins Treudeutsche hat ändern lassen. Daß diese Raffinesse sich in einer weniger meisterhaften Ausführung in der Hierarchie nach unten fortpflanzt, macht das Betriebsklima in der FPÖ so einzigartig.

Haider trägt das Ordentliche zwar unentwegt auf der Zunge, erscheint aber bei genauerem Hinsehen als revoltierender Chaotiker. Er ist der narzißtische, gefallsüchtige Streber, neben dem infamerweise aber bloß die anderen immer so aussehen. In ideologischen Angelegenheiten spielt er nach denselben Regeln.

Er ist ein Großmeister der Haltung von Recht und Ordnung und spricht doch zuallererst das Bedürfnis des Wählers an, daß sich etwas ändern müsse im Land. Er ist ein Stockkonservativer in flippiger Aufmachung. Auch seine Trachtenjanker fallen aus der Tradition und zitieren immer irgendeine zeitgemäße Modeströmung.

In Wahlkampfzeiten läßt er nach seinen Auftritten den sogenannten „Haider-Rap" spielen. Das ist ein vertonter Zusammenschnitt von Satzfetzen aus seinen Reden, auf CD gepreßt. Die Jugendlichen tanzen dann zum Refrain – „Lieber ein Wolf im Schafspelz, als ein Schaf im Wolfspelz".

Haiders Konservatismus hat nichts Religiöses, Bäuerliches oder Bodenständiges an sich. Er ist modern. Er ist national und er ist sozialistisch. Einmal stellte er die Gleichung „national = sozial" auf. Das hat eine innere Logik, da aus nationaler Sicht alle sozialen Probleme auf dem Konflikt zwischen der eigenen Gruppe und der fremden beruhen.

In seinen öffentlichen Auftritten verhöhnt er die bürgerlich-konservative Politik der ÖVP, die ihm verweichlicht, kraftlos und feige erscheint. Sie ist keine rechte Herausforderung für ihn, bloß Gegenstand des Spotts. Erobern, bezwingen und, wenn man seinen Worten auf den Grund geht, vernichten will er die Sozialdemokratie. Sie ist der große Gegner. Ihre Erbschaft will er antreten. Der Arbeiterschaft, die „nie links gewesen ist", will er eine neue Heimat schaffen.

Im Jahr 1993, als Heide Schmidt, die einzige Frau an seiner Seite, die ihm politisch je gefährlich werden konnte, die FPÖ verließ und mit vier anderen freiheitlichen Abgeordneten eine eigene, liberale Partei gründete, bezichtigte Haider sofort den SPÖ-Parlamentspräsidenten Heinz Fischer als Drahtzieher dieser Aktion. Haider war in diesem Halbjahr schwer angeschlagen. Das Ausländervolksbegehren hatte nicht den erwarteten Erfolg gehabt. Haiders Hoffnungen für das Volksbegehren waren an die Millionengrenze gegangen – und dann mußte er sich mit 400.000 zufrieden geben! Im darauffolgenden Sommer zog er sich ins Bärental zurück und schrieb ein Buch. Eine „Bestandsaufnahme" sollte es werden, Klarheit schaffen über sein politisches Wollen.

Aus dem Geröll von ehemals Angelesenem und aktuellen politischen Standpunkten hat er den Umriß seines weltanschaulichen Systems zusammenzutragen. Es ist ein Pamphlet gegen eine Generation geworden, der er selbst angehört, der er sich aber nie zugehörig gefühlt und die ihn immer abgestoßen hat: die 68er-Generation. Er wirft ihr wütend vor, daß sie den Gang durch die Institutionen angetreten ist, und vor allem, daß sie es dort zu etwas gebracht hat. Die Inhaber lukrativer Jobs und wichtiger öffentlicher Funktionen sind ihm schon aufgrund ihrer Geburtsdaten verdächtig. Haider kennt keine Motive, ohne nach den machtvermehrenden Möglichkeiten zu fragen. Nach diesem Prinzip beurteilt er auch andere. Haider klagt seine Generation eines „nihilistischen Liberalismus" an. Sie habe die Bildungsstätten des Landes erobert, um „ihr ungestilltes ideologisches Bedürfnis" zu befriedi-

gen[204] und an der Nachkommenschaft „Gehirnwäsche" zu
betreiben.[205] Auch „im Sektor des Wissenschaftsbetriebes",
wie Haider das nennt, spiele diese Generation die Rolle einer
„neuzeitlichen Inquisition". Sie habe sich „eingenistet, ja fett
gefressen im politischen System".[206] Vor allem die „Marxi-
sten" hat Haider im Visier, und die sind, wie jeder weiß, „in
der Verfolgung ihrer Ziele unerbittlich".[207]

Haider will den Anschluß und kriegt ihn nicht. Er fühlt
sich zurückgesetzt, von Nichtstuern, Blendern und Neidern
umgeben, die es sich gerichtet haben, während er, der Unbe-
stechliche, nicht zugelassen wird. Er hat sich eine Phantasie-
welt geschaffen, von der er glaubt, daß „die Linken" in ihr
Macht und Einfluß haben und über die Köpfe der Menschen
bestimmen. Das ist eine simple, ja primitive Weltanschauung, aber er glaubt fest daran.

Seiner paranoiden Geisteshaltung konnte man schon in
den siebziger Jahren begegnen. „Die Gefahren, die unserer
heutigen Gesellschaftsordnung drohen", schrieb er damals,
„kommen eindeutig von links. Ich meine damit die unzähligen Versuche ultralinker Minderheiten, die öffentliche Bewußtseinsbildung zu manipulieren, rechtsstaatliche Systeme
als Polizeistaaten zu denunzieren und damit den Boden für
den Terrorismus aufzubereiten (…)." Haider war in jener
Zeit ein angepaßter und braver Student, der aus der Provinz
in die Hauptstadt gekommen war. Doch plötzlich war er aus
dem Rahmen des Bekannten und Vertrauten gefallen." Über
sein politisches Engagement in der Mittelschulzeit spricht er
heute wie über einen ausgedehnten Abenteuerurlaub: „Som-

204 Jörg Haider, Die Freiheit, die ich meine, Frankfurt 1993, S. 74
205 ebd., S. 247
206 ebd., S. 74
207 ebd., S. 46

merlager, Pfadfinderurlaub, nicht?"[208] Das Interesse für Politik und die Überzeugung, „da müßte man einmal etwas tun",
sei erst durch das Jus-Studium entstanden. Vom Einfluß des
Elternhauses will Haider heute nichts mehr wissen. – „Ich bin
eigentlich nicht so sehr durch die ideologische Prägung in
meiner Familie zu den Freiheitlichen gekommen.".[209]

So gesehen muß er es als Niederlage empfunden haben,
daß er in Wien auf sein angestammtes Milieu von Burschenschaft und RFJ-Bewegung angewiesen war und in den eingefahrenen Schienen der Partei Karriere machen mußte. Haiders Sternstunden in den Anfang der siebziger Jahre von
Kreisky organisierten Jugendkonfrontationen waren ja kurz.
Wenn er später noch ein-, zweimal in Kreiskys Nähe kam,
dann nur wegen seiner Funktion als RFJ-Obmann. Seine
Herkunft vergleicht Haider heute mit der „eines Sozialdemokraten, der in die Höhe kommt und sich einfach den veränderten Bedingungen der Welt ein bißchen anpassen muß".
Daß die jungen Freiheitlichen „viel flexibler waren als Jugendliche seiner eigenen Partei", das habe „auch den Kreisky
so fasziniert", glaubt Haider.[210]

Möglicherweise hat Haider es nie verwunden, daß Kreiskys Sozialdemokratie mit weitaus größerem Erfolg genau
das erreichte, was Haider selbst tun wollte oder bei dem er
mittun wollte. Die Veränderung der Gesellschaft – das war
stets Haiders ureigenstes Projekt. „Die von ihrer Ideologie in-
tendierten Maßnahmen", schrieb er damals über Kreiskys
Sozialdemokratie, „zielen nicht auf eine Verbesserung des ge-
genwärtigen Systems ab, sondern provozieren seine Auflö-
sung und damit den Umschwung zu einer neuen, sozialisti-

208 Gespräch mit Jörg Haider am 16. 7. 1999
209 ebd.
210 ebd.

schen Gesellschaft." Sein Narzißmus, mit dem er sich eine Nähe zu Kreisky vorgaukelte, treibt ihn zu einer obsessiven Auseinandersetzung mit der Frage: Wer ist die Kraft der Erneuerung? Er fand es gefährlich, daß Kreiskys Bemühungen für Reform und Demokratie auf sozialistischen Grundlagen erfolgten. Durch seine „theoretische Position", warnte Haider, habe sich der Sozialismus einen wichtigen Vorsprung verschafft. Der Gedanke der Systemveränderung sei zum „Weichspüler" einer an sich dogmatisch verhärteten Ideologie geworden. „Das macht die Position der Sozialisten erheblich schwerer angreifbar. Hält man sich zudem vor Augen, daß Regieren eben Verändern, Erneuern, Wandeln und nicht nur geordnetes Verwalten bedeutet, scheint für den Sozialismus eine ideale Basis zur ideologischen Aktion geschaffen."[211]

Es ist interessant, daß diese Analyse heute auf Haiders FPÖ zutrifft. Der Wunsch nach Veränderung, nach einem Ausbruch aus einer scheinbar ewig währenden großen Koalition, der sogenannte „Weichspüler" ist die größte Triebkraft, die FPÖ auf dem Stimmzettel anzukreuzen. Das macht diese Partei auch so schwer angreifbar für jene, die den Status quo erhalten wollen. Das wäre, um es in Haiders Worten zu sagen, die ideale Basis für eine ideologische Aktion. Aber ist Haider im Besitz einer Ideologie, oder reagiert er nur nach jeweils akut gewordenen Ressentiments?

Haider ist heute ein erfolgreicher Politiker, der von Wahl zu Wahl immer mehr Anhänger hinter sich herzieht, aber seine Besessenheit, seine Obsessionen sind geblieben. Die Bürgerlichen verachtet er, die Sozialdemokratie will er bezwingen. „Erst zu dem Zeitpunkt, wo wir in das sozialistische Wählerpotential eingebrochen sind", sagt Haider, „hat in

211 Salzburger Nachrichten, 31. 7. 1976

Wirklichkeit dieser fanatische Kampf gegen die FPÖ und gegen mich begonnen."[212]

Nun ist zwar etwas Wahres dran, daß Haider aus Gründen des Machterhalts ausgegrenzt wird, aber es ist zu seinem einzig gültigen, ins Extreme verengten Erkärungsmuster geworden. „Der faschistische Agitator" stellte Adorno einmal fest, „ist im allgemeinen ein meisterlicher Verkäufer seiner eigenen psychischen Defekte." Nun ist Haider sicher nicht das, was unter einem „faschistischen Agitator" zu verstehen ist. Aber es sieht ganz so aus, als ob ein Zurückgestoßener auf Rache aus wäre, als ob Haider nicht zuletzt seine psychischen Defekte meisterlich verkauft.

Seiner Generation, die unter Kreisky aufgestiegen ist, neidet Haider alles, was sie je erreicht hat, und er macht sie verantwortlich für eine Welt, die in seinen Augen krank, hohl und leer ist. „Die antiautoritären Demokratisierer und Kommissionspropheten", schreibt er, „haben eine Generation hervorgebracht, die realitätsfern, kommunikationsschwach, narzißtisch und intolerant ihren Frust kultiviert."[213]

Er interpretiert seine Erfahrungen nach einem Muster: Ehrgeiz und Leistung rentieren sich nicht, Erfolg ruft die Minderleister auf den Plan. Und gegen den Besten, das ist natürlich er selbst, würden „Schauprozesse" inszeniert. Wenn Haider könnte, wie er wollte, würde er dafür sorgen, daß „in den Redaktionsstuben weniger gelogen" wird, den „bürokratischen Faulpelzen keine Milde" gönnen[214] und einigen Leuten den „Bart versengen" – denn das sei unvermeidlich, „wenn man die Fackel der Wahrheit durch die Menge trägt."[215]

---

212 Gespräch mit Jörg Haider am 16. 7. 1999
213 Jörg Haider, Die Freiheit, die ich meine, Frankfurt 1993, S. 51
214 ebd., S. 210
215 ebd., S. 223

Michel Foucault gab einmal in einem Interview die furchteinflößende, aber nützliche Angewohnheit zu, das Gerede der Leute in die Realität zu übersetzen. „Ich stelle sie mir in der idealen Situation vor, da sie alle Macht hätten. Die Wörter, die sie benützen, lasse ich ihren Lauf zurück in einen ursprünglichen Sinn nehmen."[216] Das ist eine hervorragende Maxime, mit Haiders Äußerungen umzugehen: Man braucht sich nur vorzustellen, was es hieße, hätte er die Macht, würde also real werden, was er so sagt. Haider hat sich übrigens später, wohl in Erkenntnis der decouvrierenden Wirkung, von seinem Buch „Die Freiheit, die ich meine" teilweise distanziert. Vom Begriff der „Dritten Republik" hat er Abschied genommen.

Der „Freiheit", „das einzige Regulativ, um totalitäre Ideen zu entschärfen", wie Haider glaubt, hat er sich schon früh verschrieben. Die gesellschaftlichen Grundwerte der Französischen Revolution, Freiheit, Gleichheit, Brüderlichkeit existieren für Haider nicht in ihrem komplizierten, gleichwertigen Nebeneinander. „Im Zweifel" ist er für die Freiheit.

Doch in Haiders Vorstellung von Freiheit ist nicht alles recht und billig. Er zwingt die Freiheit in einen Ordnungsrahmen von Familie, „natürlichen Gemeinschaften", „Religion, Glauben, Geschichte und Nation".[217] Die unschuldige Jugend möchte er unter die „Klammer einer idealistischen Gesinnung" stellen. Sie sollte wieder in „natürlichen Gemeinschaften" aufwachsen und Vater und Mutter ehren. Anarchistische Schlachtrufe, destruktiver Geist, Hedonismus, antiautoritäre Gesinnung, respektlose Auseinandersetzungen mit den Autoritäten haben in den natürlichen Gemeinschaften keinen Platz. Möglicherweise würde Haider auch die Kre-

---

216 Von der Freundschaft, Michel Foucault im Gespräch, Berlin o. J., S. 12
217 Jörg Haider, Die Freiheit, die ich meine, Frankfurt 1993, S. 214

ditkarten abschaffen, denn „mit der Einführung der Kredit-
karte und dem Ratenzahlungssystem" habe sich „Konsum-
denken und Luxusakkumulation um jeden Preis
durchgesetzt". Er bedauert jedenfalls, daß „puritanische Ent-
haltsamkeit und protestantische Ethik" verloren gegangen
sind. Und es ist schon eigenartig, was da einer vorhat, der
selbst demonstrativ dem Konsum frönt, schnelle Autos fährt
und vor seinen Fans den feschen Kerl spielt.

Haider definiert seinen politischen Kampf als einen
Kampf um die kulturelle Hegemonie, und das ist vermutlich
die ehrlichste Aussage, die von ihm zu haben ist. „In und um
Europa" beobachtet er einen „ideologischen Kampf", in dessen Verlauf „widersprüchliche Geistesströmungen in das Bewußtsein der Menschen eingeschleust" würden. Die wirkliche Veränderung, „die Revolution", finde zuerst in den Köpfen der Menschen statt. „Wer den bestimmenden Einfluß auf
die Menschen hat", schreibt Haider, „der hat die Macht."[218]

Die Jagd nach dem bestimmenden Einfluß kann bekannt-
lich skurrile Folgen haben. Am Parteitag 1992 in Bad Hof-
gastein, als das Ausländerthema schon sehr en vogue war, sagte Haider in seiner Parteitagsrede: „Man muß in Wien schon
ein Türke sein, um eine Gemeindewohnung zu kriegen." Ein
freiheitlicher Delegierter, der danach gefragt wurde, warum
er diesen Unsinn glaube, da er und auch Haider doch wissen
müßten, daß Ausländer zu Gemeindewohnungen keinen Zu-
gang hätten, bemühte sich nun, die Vorteile, die Ausländer
hätten, aufzuzählen. Auf den Einwand, daß ihm eigentlich
nichts Besseres passieren könne, als sich in einen schnauzbär-
tigen Türken zu verwandeln, rief nun der blonde Oberösterreicher am Wirtshaustisch ein ums andere Mal: „Ja, ja, ich
will ein Türke sein, ich will ein Türke sein."

---

218 ebd., S. 73

Kunst und Kultur sind für Haider der Angelpunkt, die politische Hegemonie zu erlangen. Als Kärntner Landeshauptmann hat er sich als erstes das Kunst- und Kulturressort geschnappt.

Wenn Haider von Kunst redet, spricht er also logischerweise immer von Hegemonie. Das ist für ihn ein und dasselbe, Kunst im eigentlichen Sinn gibt es für ihn gar nicht. Die Vorherrschaft, die er anstrebt, geht weit über die staatliche Sphäre hinaus. Haider zieht auch einmal seine Jacke, das Kostüm seiner modernen Gediegenheit, aus, um die Masse zu erobern. Die Konzepte, die er 1993 in Buchform veröffentlichte, setzte er ein Jahr danach praktisch, das heißt: kulturkampfmäßig um.

„Sie sind gegen ihn, weil er für Euch ist", ließ er im Nationalratswahlkampf 1994 plakatieren und: „Die Zukunft Österreichs ist unsere Kunst." Ein Jahr darauf, im Wahlkampf 1995 hatte sich Haider bereits eingemeindet, zum Teil der Gemeinschaft gemacht. Der zentrale Slogan hieß: „Er hat Euch nicht belogen."

Doch die „Volksgemeinschaft" existiert nicht, sie muß erst hergestelllt werden. Neben den vielen namenlosen Ausländern, von denen nur der eine oder andere in Haiders Brandreden namentlich als „Vergewaltiger" oder „Sozialschmarotzer" herausgegriffen und vorgeführt wurde, braucht es auch prominente Namen, prominente Feinde, prominente Zielscheiben. Im Jahr 1995 ließ Haider das berühmt-berüchtigte Künstler-Plakat affichieren. Die Politiker Rudolf Scholten, Michael Häupl und Ursula Pasterk, die Schriftstellerin Elfriede Jelinek sowie der Burgtheaterdirektor Claus Peymann finden sich nebeneinander aufgefädelt und als sozialistische Staatskünstler verunglimpft. „Lieben Sie …" fragt das Plakat und nennt die Namen, „oder lieben Sie Kunst und Kultur?" Und man wunderte sich als Passant höchstens, daß man mit dem doch eher unpersönlichen „Sie" und nicht gleich mit dem kumpelhaften „Du" angesprochen wurde.

Im selben Jahr ließ Haider auch die Massen aufmarschieren. Es war jener Wahlkampf, in dem es Haider auf die große Kraftprobe zwischen sich und Vranitzky angelegt hatte. Je größer die Veranstaltungen projektiert wurden, umso mehr Distanz mußte zwischen ihm und dem Publikum hergestellt werden. Ein durchsichtiges Rednerpult aus Plexiglas wurde angeschafft, und da stand er, allein und verloren, während hinter der Bühne und vor der Bühne Bodyguards und vertraute Funktionäre einen Menschenwall bildeten. Die Kegel der Scheinwerfer waren auf ihn allein gerichtet, der Saal war ins Dunkel getaucht. Ein Klangteppich erleichterte die Konzentration, und man bekam eine Ahnung von der „Volksgemeinschaft" und verlor sich und wurde selbst ganz klein. Haider war auf dem Weg, ein Gesamtkunstwerk zu werden. Doch auch dieser Versuch, wie schon zuvor das Volksbegehren, mündete in eine Niederlage. Das erstemal – seit 1986 – hatte Haiders FPÖ an Stimmen verloren. Die politische Hegemonie war nicht zu erreichen.

Kunst und Künstler waren für Haider nie mehr als das Schatzkästchen für ein Zitat, nach dem man hascht, um es bei Gelegenheit vorzubringen und sich einen kultivierten, belesenen Anstrich zu geben. In seine Bücher – neuerdings auch in seine Reden – mischt er gern Zitatbröckchen von Karl Kraus, Franz Kafka, Thomas Bernhard und anderen bekannten Schriftstellern. Auch Robert Musil fehlt nie.

Haider – und das ist typisch für ihn – hat kein Problem damit, Thomas Bernhard als „Österreich-Beschimpfer" zu denunzieren und sich mit langen Zitaten aus dem „Heldenplatz" zu schmücken, weil kein anderer so herrlich über die Sozialdemokratie und das politische System im ganzen hergezogen ist. Er geniert sich nicht, die Aktionen von Hermann

Nitsch als „orgiastische Exzesse mit einem Amalgam aus Blut, Sperma und Gotteslästerung"[219] zu bekämpfen und gleichzeitig „das, was Nitsch künstlerisch schafft, großartig" zu finden.[220] Es ist kein Wunder, wenn es seinen Parteigängern bei diesen Kapriolen manchmal die Sprache verschlägt, zum Beispiel dem Niederösterreicher Hans-Jörg Schimanek, der im ORF-Studio nur noch „Nitsch – weg, muß weg" stammeln konnte.

„Sexuelle Perversionen wie die Lust am Morden oder das Babyficken des Urs Allemann sind nicht einmal mehr mit dem Zeitgeist zu entschuldigen"[221], schreibt Haider in der „Freiheit", und der unkundige Leser muß annehmen, daß von einem besonders skrupellosen Kinderschänder die Rede ist. Er erfährt mit keinem Wort, daß es sich hier um einen Schriftsteller handelt, der einen Text geschrieben und kein Baby „gefickt" hat. Der Schweizer Schriftsteller Urs Allemann hatte 1991 beim „Bachmannwettbewerb" den Preis des Landes Kärnten bekommen. Mehrere Wochen nach dem Wettbewerb, als auch schon andere politische Profiteure des Volkszorns auf der Lauer lagen, begann Haider Radau zu schlagen. Der Text handelt, sagt Allemann, davon, daß „einer, dem die Gewißheit abhanden gekommen ist, daliegt und einen extremen Satz ausprobiert: ‚Ich ficke Babys'." Allemann will nicht provozieren; er steht sogar auf dem Standpunkt, man könne Provokation nicht als literarische Strategie verfolgen, indem man so tue, als stünde man selbst schon jenseits des Tabus und könne die armen anderen, die am Tabu noch kranken, zum Aufbrechen desselben bringen.[222]

---

219 News 18, 1995
220 ebd.
221 Jörg Haider, Die Freiheit, die ich meine, Frankfurt 1993, S. 228
222 profil 39, 1991

Doch Haider hat Literatur nie anders als ein politisches Programm oder persönliches Bekenntnis gelesen. Er ist der König in Shakespeares „Hamlet", der aus dem Theater läuft, weil eine Schauspieltruppe den Mord vorspielt, den er selbst begangen hat. Er ist der Zensor, der Gustav Flaubert einen Prozeß macht, weil dessen Romanfigur „Madame Bovary" Ehebruch begeht. So versteht man, daß Haider gar nichts anderes übrigbleibt, als das „Leben im österreichischen Kulturfaschismus bedrückend und besorgniserregend" zu finden.

Auf jeden Fall wähnt er sich auf der richtigen Seite. Das Volk denke ja in Wirklicheit anders als die „selbsternannten Eliten".[223] Die Hochkultur sei „von niedrigem Geist und schlechten Charakteren beherrscht". Und wenn dies dem Volk wider Erwarten doch einmal gefallen sollte, dann zeige das doch nur, wie das Volk „manipuliert"[224] worden sei. Haider will es befreien von „Heilsaposteln in Massenmedien, Literatur, Film und Theater". Die traditionellen Konservativen seien dafür leider zu schwach, die „bürgerliche Masse ist selbst zu einer unkritischen Beifallsgesellschaft gegenüber der Gegenkultur und ihren Akteuren geworden".[225]

Wenn Haider von den Werten spricht, die er gerne einschleusen würde, wirkt er eigentümlich anachronistisch, ganz und gar nicht auf der Höhe der Zeit. Doch der Fortschritt hat, nach Hans Magnus Enzensberger, schon bessere Tage gesehen und hinterläßt von Tag zu Tag mehr Hinterbliebene: Die „Überbleibsel der Vergangenheit" wuchern unkontrolliert und das „verleugnete Alte äußert sich, gegen den Willen der Subjekte und ohne Rücksicht auf ihre ideologischen Vor-

---

223 Jörg Haider, Die Freiheit, die ich meine, Frankfurt 1993, S. 53
224 ebd., S. 23
225 ebd., S. 22

160

lieben, in einer Fülle von somatischen, psychischen und kulturellen Symptomen".[226] Anachronismus, sagt Enzensberger, sei „kein vermeidbarer Fehler, sondern eine Grundbedingung der menschlichen Existenz". Er macht das am Beispiel der sogenannten „Blätterteig"-Theorie deutlich: Ein Stück Teig wird ausgewalzt, auseinandergeschnitten und wieder übereinander gelegt. Mit jedem weiteren Mal verfeinert sich die Struktur. Eine platt gewalzte Rosine etwa würde so auf bizarre Weise auf dem ursprünglichen Teigstück umherwandern. Auf die historische Zeit umgelegt, hätten wir Schichten der Vergangenheit und der Gegenwart übereinander gelagert und miteinander vermischt. Ein bestimmter Punkt in dieser fiktiven Masse würde an immer neuen Stellen wieder auftauchen, Bocksprünge vollführen und vielleicht sogar wieder an seinen Ausgangspunkt zurückkehren, dann aber stets in einer veränderten Umgebung. Der Kontakt zwischen verschiedenen Zeitschichten führt nicht zur Wiederkehr des Gleichen, sondern zu einer Wechselwirkung, die jedesmal etwas Neues hervorbringt."[227]

Haiders „Rosinen" sind die ideologischen Versatzstücke des klassischen Nationalsozialisten. Sie treten in immer neuer Umgebung als etwas Neues und Modernes auf. Ihre Herkunft ist kaum noch kenntlich und ihre Spuren sind kaum noch zurückzuverfolgen. Haider findet es deshalb auch höchst unfair, immer wieder daran erinnert zu werden. Aus seiner Sicht ist das verständlich. Die Verschiebungen und Überlagerungen haben die alte Ideologie verändert, und um jedes Mißverständnis aus dem Weg zu räumen: Haider ist selbstverständlich kein Nationalsozialist.

226 Hans Magnus Enzensberger, Zickzack, Frankfurt 1997, S. 11
227 ebd., S. 14 ff.

Auf die harmlose Frage eines Reporters, warum sich die FPÖ nicht zur österreichischen Nation bekenne, sagte Haider im Sommer 1988, daß er die österreichische Nation für eine „ideologische Mißgeburt" halte.[228] Das geschah auf der Kärntner Gerlitzen. Als Haider den Berg hinunterfuhr und auf halbem Weg seiner neuen Generalsekretärin Heide Schmidt begegnete, teilte er ihr aufgekratzt mit, daß „in diesem Interview was drinnen war, wo es Reaktionen geben wird".[229]

Den öffentlichen Aufschrei, der daraufhin einsetzte, die Vergleiche mit Reden Adolf Hitlers, in denen dieser Begriff – allerdings in den zwanziger Jahren vorgekommen war, konnte Haider als gelungenes Ablenkungsmanöver verbuchen. Es ist ein Grundmuster in Haiders Karriere, daß er mit unterstellten oder tatsächlichen nationalsozialistischen Anspielungen die größte Furore macht.

Die Monate vorher waren für ihn recht turbulent verlaufen. Parteiintern war er wegen seiner Zusammenkunft mit dem Neonazi Burger scharf kritisiert worden. Und bei den Feiern zum 50. Jahrestag der Zweiten Republik hatte die FPÖ als nicht staatstragende Partei nur eine Zaungastrolle eingenommen.

Ganz nebenbei hatte Haiders Rede von der „Mißgeburt" sogar einen diskutierbaren Kern. Man hätte nur nicht nachfragen dürfen, was er darunter verstehe.

Die österreichische Nation nach 1945 war ein ideologisches Konstrukt, ein administrativer Akt. Österreich hatte sich nach dem Krieg zur Nationswerdung entschlossen, weil es außenpolitisch gewünscht wurde. Innenpolitisch wurde

---

228 ORF-Inlandsreport am 19. 8. 1988, im Gespräch mit Johannes Fischer
229 Gespräch mit Heide Schmidt am 23. 7. 1999

die große Willensanstrengung aus psychohygienischen Gründen unternommen.

Keiner der beiden klasssischen Nationsbegriffe war damals auf Österreich anwendbar. Das eine durfte nicht, das andere konnte nicht sein: Der aus der deutschen Romantik stammende Begriff der Sprach- und Kulturgemeinschaft verbot sich von selbst, da es die deutsche Nation gewesen wäre, der man angehört hätte. Für das aus der Französischen Revolution herrührende Verständnis, wonach eine Nation nichts anderes ist als ein Staat, der jedem einzelnen die bürgerlichen Rechte garantiert, gab es keine Tradition. Am ehesten kam der österreichischen Zwangslage noch Otto Bauers Definition von der „aus einer Schicksalsgemeinschaft erwachsenen Charaktergemeinschaft" entgegen. Hier konnte zumindest das strategische Selbstbild eines von den Nationalsozialisten verführten Opfers eingepaßt werden.

Doch in der österreichischen Nachkriegsgesellschaft waren völkische Vorstellungen von dem, was eine Nation sei, noch sehr präsent. Von den Institutionen des Staates wurden deshalb, in bewußter Abgrenzung zu allem, was deutsch war, besondere Charaktereigenschaften des österreichischen Menschen, sogenannte „österreichische Mentalitäten" geltend gemacht.

Auf diese Ungereimtheiten und Schlawinereien stürzte sich Haider dann auch in seiner Rechtfertigungsoffensive. Es sei doch erwiesen, sagte er, „daß der Versuch, 1945 eine völkische Nationalität zu schaffen, verunglückt ist."[230] Er habe „ganz bewußt eine breite Diskussion beginnen wollen, an deren Ende eine klare Unterscheidung zwischen den Begriffen „Staatsnation" und „ethnischer Nation" stehen sollte.[231] Au-

---

230 profil 35, 1988
231 Presse, 24. 8. 1988

ßerdem habe er wissen wollen, „inwieweit das die Partei und ihre Anhänger noch bewegt".[232] Viele Parteigenossen meldeten sich damals nicht zu Wort. Den meisten war es peinlich. Sie fürchteten, daß die FPÖ wieder einmal ins rechte Eck gestellt werden könnte. Wenige tappten in die aufgestellte Falle. Die Berufung auf eine österreichische Nation sei ein „untauglicher Versuch", sagte etwa Klaus Turek, der steirische Landesparteiobmann, „sich von der gemeinsamen tausendjährigen Geschichte des deutschen Volkes zu verabschieden."[233]

Doch Haider wollte, wie immer, vollends recht behalten und so kam die Gedankenwelt des 16jährigen, der einmal turnerbundfeurig von Völkern und Rassen gesprochen hatte, wieder zu Ehren. Haider setzte zu ausführlichen Erklärungen an, philosophierte über die ethnische Homogenität der Österreicher und kam zu dem Schluß, was nicht ist, das könne ja noch werden. Österreich, sagte Haider, sei zwar als ethnisch eigenständige Nation einst konstruiert worden, doch jetzt sei sie „auf diesem Weg".[234]

Wer hätte damals gedacht, was im Schlepptau dieser Ideologie noch kommen sollte: das Ausländervolksbegehren, die Trennung der Schulklassen nach dem Abstammungsprinzip, der Österreich-Patriotismus, der Kampf gegen die multikulturelle Gesellschaft und die Ablehnung der Europäischen Union.

Man kann aus pragmatischen Gründen gegen Migration und Ausländerzuzug sein. Haider begründet seine Gegnerschaft auch ideologisch. Er ist ernsthaft davon überzeugt, zur ethnischen Reinheit der österreichischen Nation beizutragen,

---

232 ebd.
233 Arbeiterzeitung, 22. 8. 1988
234 profil 35, 1988

wenn er dafür sorgt, daß möglichst wenig Ausländer ins Land
kommen. Haider hat zwar dem Deutschnationalismus, aber
nicht dessen weltanschaulicher Herkunft abgeschworen.
Haider glaubt nicht, daß „heute noch einer ein Problem damit hat, ob er ein Österreicher oder ein Deutscher ist. Aber es
hat sich in Wirklichkeit damals die Einstellung abgezeichnet,
die sich natürlich dann später auch in unserer Ausländerpoli-
tik manifestiert hat, das sage ich ganz unumwunden. Wir
sind schon immer davon ausgegangen, daß es so etwas wie
eine vorgefundene Heimat des Menschen gibt, und die haben auch das Recht, zu bestimmen, wer zum Beispiel zuwandern will."[235]

Wenn freiheitliche Wiener Funktionäre heute die Anzahl
der Ausländer in den Gemeindebauten ausspionieren und
sie auf Grund der Gesetzeslage bestenfalls auf eingebürger-
te Österreicher treffen, kann das die Aktion nicht stören.
Denn Ausländer bleibt Ausländer und der wird dann an
den Pranger gestellt. Einbürgerungen werden nicht akzeptiert!

Das Ausländer-Volksbegehren wurde für Haider eine Fah-
nenfrage. Ursprünglich war die Idee von der altnationalen
Funktionärin Kriemhild Trattnig ausgegangen. Sie befürch-
tete eine „Überfremdung", weil die Ausländer doch viel mehr
Kinder zur Welt brächten als die Österreicher. Doch so deutlich wollte es Haider nicht gesagt haben. Mit den Aussagen
seines Beraters Andreas Mölzer, der von einer drohenden
„Umvolkung" gesprochen hatte, waren schon genug Schwierigkeiten entstanden.

Doch ein Ausländervolksbegehren versprach eine große
Sammlung aller Unzufriedenen. Die Funktionäre der FPÖ
sollten wie ein Mann dahinterstehen stehen. Doch eine

---

235 Gespräch mit Jörg Haider am 16. 7. 1999

Dame spielte nicht mit. Vor der entscheidenden Sitzung hatte Heide Schmidt schon eine Presseerklärung herausgegeben, in der sie dagegen auftrat. Am Ende einer achtstündigen Debatte, die von Heide Schmidt als „psychologische Zermürbung" erlebt wurde, ließ Haider über das 12-Punkte-Programm abstimmen. Schmidt sagt, der Druck sei groß gewesen, wenn schon nicht dem Volksbegehren, so doch seinen Forderungen zuzustimmen. Es war darin ein Punkt enthalten, der ihr nicht einleuchten wollte. Die Ausländerkinder an den Schulen sollten nach ihrer Herkunft und Muttersprache von den anderen Kindern geschieden werden. „Warum", fragte Schmidt, „nicht nach ihren tatsächlich vorhandenen Sprachkenntnissen?" Haider versprach in dieser Sitzung vage, daß der Text ja noch nicht endgültig feststehe und man überdies keine brennenden Asylantenheime als Teufel an die Wand malen solle, wenn die Sache für die Partei so wichtig sei. „Da muß man eben durch."[236]

Der Text wurde nicht verändert. Herkunft und Muttersprache blieben als Kriterium für den Ausschluß vom gemeinsamen Unterricht. Es ging Haider offenbar nicht um die Sorge vieler Eltern, daß der Unterricht zur Farce würde, wenn die halbe Klasse die deutsche Sprache nur rudimentär beherrscht. Beim Volksbegehren, sagte Haider später, ging es um die „Erhaltung der Identität".

Seinen Gegnern unterstellte Haider, sie wollten „das Thema ‚Ausländerfeindlichkeit'" als Vehikel benützen, um „durch Zuzug von anderen Staatsangehörigen die allmähliche Änderung des Staatsvolkes und die ersehnte Destabilisierung des politischen Systems herbeizuführen."[237] Naturgemäß ist für Haider der Nationalstaat nicht an ein bestimmtes,

236 Gespräch mit Heide Schmidt am 23. 7. 1999
237 Jörg Haider, Die Freiheit, die ich meine, Frankfurt 1993, S. 76

begrenztes Territorium gebunden. Er entdeckt und verfolgt Spuren des eigenen Volkes quer durch ganz Europa und macht sie zum Gegenstand seiner Politik. Er kümmert sich um die „Altösterreicher" in Rumänien und in Slowenien, um die Siebenbürger und um die Sudetendeutschen. Es handelt sich dabei um die „organische Geschichtsauffassung", die Haider schon in seinen Jugendjahren vertreten hat und die nur in der deutschen Geistesgeschichte eine so hervorragende Rolle spielt. Hannah Arendt erklärt das mit der verspäteten Nationsbildung der Deutschen. So habe sich auf deutschsprachigem Territorium kein nationales Gedächtnis bilden können. „An seine Stelle tritt dann die Vorstellung, daß alle Glieder ein gemeinsames Band der Blutsverwandtschaft umschlingt."[238]

Den Terminus „Volksgemeinschaft" hat Haider nur in früheren Jahren verwendet. Da sah er die Grundsätze der „sozialen Volksgemeinschaft" in der „organischen und ethischen Gebundenheit des Menschen" aufgehoben.[239] Oder er beschwor die Volks- und Kulturgemeinschaft als „Gegengewicht zu einer materialistischen, totalitären Ideologie und einer an Produktionsnotwendigkeiten orientierten Lebensordnung". Er fand es gefährlich, daß die moderne Gesellschaft dieser „natürlichen Lebensordnung den Bewegungsraum mehr und mehr versage".[240]

Heute spricht Haider lieber von den tüchtigen und fleißigen Österreichern und den nigerianischen Drogenhändlern. Die Botschaft kommt so auch rüber. „Wenn die Politik nicht

---

238 Hannah Arendt, Elemente und Ursprünge totaler Herrschaft, München 1986, S. 367
239 Aula 10, 1983
240 31. 12. 1986, zitiert nach: Der kleine Mann, hg. v. Helmut Gruber, Institut für Sprachwissenschaft Universität Wien, 1986

auf ethnischen Prinzipien aufgebaut", sagt er, „dann hat die Menschheit überhaupt keine Zukunft mehr."[241]

Die Familie nimmt in Haiders „natürlichen Gemeinschaften" selbstverständlich einen prominenten Platz ein. „Denaturiert" hatte er „die heutige Form des Zusammenlebens" im Jahr 1984 genannt. Partnerschaft hatte er als einen „dienenden und einen führenden Teil"[242] definiert. Haider sagt heute, er sei falsch zitiert worden. Das will nicht einmal die Schwester so recht glauben, die seit zwei Jahren die freiheitliche Frauenbewegung auf eine moderne Linie bringen will. „Wenn er die eine oder andere Aussage gemacht hat", sagt Haubner, „dann hat er als junger Mensch gesprochen, der aus einer heilen und intakten Familie kam, in der die Mutter zu Hause und immer für die Kinder da war. Er hat wohl mit der Zeit gemerkt, daß sich die Rolle der Frau in den letzten Jahren wesentlich geändert hat."[243]

Doch viel hat Haider nicht gelernt. Die „feministische Illusion von der Selbstverwirklichung der Frau und Mutter im Beruf" hat sich in seinen Augen „als verhängnisvoller Irrtum erwiesen". Der Gesellschaft sei dadurch großer Schaden entstanden. Alles Übel dieser Welt komme von den berufstätigen Müttern: „die generelle Ablehnung von Ordnung, illusionäre Riesenansprüche, Passivität im Berufsleben, Unvermögen zu gefühlsmäßiger Bindung, Verkümmerung des Gewissens, nihilistische Weltsicht und Neigung zu Gewalt und Egoismus, neurotische Verwahrlosung". Zum Beleg dieser Thesen verweist er auf eine Studie aus dem Jahr 1971.[244]

241 Jörg Haider, Die Freiheit, die ich meine, Frankfurt 1993, S. 224
242 Kurier, 7. 10. 1984
243 Gespräch mit Ursula Haubner am 12. 7. 1999
244 Jörg Haider, Die Freiheit, die ich meine, Frankfurt 1993, S. 13

Aber es ist eben sein Talent, aus den alten Zöpfen eine moderne Variante zu kreieren. Die Unzufriedenheit vieler Frauen mit schlechtbezahlten Jobs, die Mühen, einen Kindergartenplatz zu finden, das Hinbringen und Abholen mit den Berufspflichten in Einklang zu bringen, den Wunsch nach mehr Autonomie – darauf hat er in der Königsidee des Kinderbetreuungsschecks seine Antwort gefunden.

Auch in der Europapolitik hat er ein Terrain für völkische Gefühle und nationalen Patriotismus entdeckt. Haider tritt für ein „Europa der Vaterländer" ein, das ebenfalls die Abstammungsgeschichte in sich trägt. Die anderen, das sind ihm „vaterlandslose Gesellen".[245]

Die Rückkehr zu den Wurzeln, an die er freilich nicht erinnert werden will, ist brillant gelungen. Schon sein Vater war ja „kein sehr ideologischer Mensch". Er war, sagte Haider einmal, „ein enttäuschter Sozialdemokrat".[246]

---

245 ebd., S. 249
246 Arbeiterzeitung, 30. 6. 1989

Der Ausgrenzer der Parteifreunde

An den Wochenenden im Sommer liefen manchmal die Kinder in der Nachbarschaft von Haus zu Haus und riefen: „Der Kasperl kommt, der Kasperl kommt!". Nachmittags strömten sie dann zum Haus der Haiders, wo schon ein kleiner Verschlag aufgebaut war. Dahinter kauerte Jörg Haider, die eine Hand steckte im Kasperl-Kostüm, die andere im bösen Krokodil. Der Mittelschüler liebte diese Aufführungen, und die Kinder liebten ihn. Die Abenteuer, die der Kasperl bestehen mußte, hatte er sich ausgedacht. So wie früher, als er selbst noch ein Kind war. Da hatte er Geschichten erfunden, in denen war er ein Feuerwehrhauptmann, der Brände löscht.

Haider war ein phantasievolles Kind. Er schuf sich eine Welt, in der er Weltgeschichte spielte. Diese Begabung hat er ins Erwachsenenleben hinübergerettet. Als er zum zweiten Mal Kärntner Landeshauptmann wurde, verglich sich Haider mit Jesus Christus, der ja auch einmal ans Kreuz geschlagen wurde – und wieder auferstanden sei.

Enttäuschte Freunde und Parteigänger – und davon gibt es Legionen – glauben, daß sich Haider eine eigene Wirklichkeit geschaffen hat. Sie läßt seine Entschlüsse so „willkürlich" aussehen, daß man nie genau wissen kann, wer gerade hoch im Kurs steht und über wem schon das Damoklesschwert hängt.

Dabei wäre es so einfach gewesen. „Haider hat ein G'spür für die Macht und er will sie auch", sagt sein Doktorvater Günther Winkler.[247] Wer das in Frage stellt, muß gewärtig

---

247 Gespräch mit Günther Winkler am 1. 7. 1999

sein, daß Haider das spürt, noch bevor es dem Betroffenen selbst bewußt geworden ist.

Haiders narzißtische Struktur läßt entweder Anhänger oder Feinde zu. So muß er immer wieder die Spreu vom Weizen scheiden. Es genügt, die diesbezüglichen Vorgänge aufzuzählen, um zu sehen, wie das im Prinzip funktioniert.

Nach dem Innsbrucker Parteitag waren Freund und Feind so sauber voneinander geschieden wie niemals vorher und nachher. Die Steger-Leute wurden, sofern sie nicht von selbst gegangen waren, Schritt für Schritt aus der Partei entfernt. Die Überläufer wurden mißtrauisch beobachtet.

Doch vorerst war Haider zum Siegen verdammt. Zwei Monate hatte er Zeit gehabt, um seiner Partei zu beweisen, daß sie mit ihm gewinnen kann. Treffsicher spürte er im Nationalratswahlkampf 1986 die Schwächen seiner Gegner auf. ÖVP-Obmann Alois Mock war in seinen Reden der „fade Alois", Bundeskanzler Franz Vranitzky der „fesche Privilegienritter"[248]. Auch die Schwierigkeiten des ehemaligen Bankdirektors, mit seiner Partei warm zu werden, waren Haider natürlich sofort aufgefallen. „Beim Vranitzky ist das so, wie wenn der Eisschrank mit seinen Eiswürfeln verhandelt", sagte Haider.

Als sei er jahrelang an die Kette gesperrt und plötzlich losgelassen worden, attackierte er Ämter und Institutionen, Kammern und Gewerkschaften. In Österreich ist das ein weites Feld. Die Show-Nummer von der „Stockswerkszulage" der Grazer Magistratsbeamten etwa wurde zum Publikumsrenner.[249]

Haider verdoppelte die Stimmen der FPÖ und kündigte noch in der Wahlnacht an, in Zukunft die Koalition „vor sich

---

248 Neue Kronenzeitung, 10. 11. 1986
249 ebd.

herzutreiben". Ex-Kanzler Bruno Kreisky saß an jenem Abend daheim in seiner Villa und suchte nach Gründen für Haiders Erfolg: „Vielen jungen Leuten imponiert das, dieser gewisse Jargon, die gewisse Frechheit." Wenn seine Partei noch auf ihn gehört hätte, hätte er ihr geraten, diesen jungen Leuten den Sprung vom Protest zur Mitarbeit zu ermöglichen.[250]

Daran hatte auch Haider schon gedacht. In der Wiener Parteizentrale der FPÖ gingen bald junge Leute ein und aus, die ihm zugelaufen waren und von denen Ex-Minister Harald Ofner sagte, sie hätten „vor zwei Jahren noch nicht einmal gewußt, was die FPÖ ist".[251] Haider gönnte sich keine Ruhe. Gleich nach den Wahlen startete er ein Anti-Privilegien-Volksbegehren. Er ging daran, das rote Wien zu erobern. Er packte seine „Ausländer raus"-Parolen in die rhetorische Frage, ob es notwendig sei, „daß wir bei 140.000 Arbeitslosen 180.000 Ausländer im Land haben". Das kam schon damals gut an. Doch in der Partei begann es zu rumoren.

Altgediente Funktionäre bekamen es mit der Angst zu tun. Der Ton, den Haider anschlug, der Stil, in dem er die FPÖ repräsentierte, die Kampagnen, die er führte, hatten nichts mehr mit der Partei gemein, in der sie groß geworden waren. Einer der Ihren, der Grazer Parteiobmann Paul Tremmel, der sogar die Geheimtreffen gegen Steger organisiert hatte, war auf Haiders Wunsch abgesetzt worden. „Das Problem des niederösterreichischen Obmanns Ofner" kündigte Haider kryptisch an, werde sich „von selbst lösen".[252] Die Tremmels und Trattnigs, und wie sie alle heißen, hatten Haider an die Spitze verholfen. Sollten jetzt andere das Sagen haben?

250 profil 48, 1986
251 Basta 12, 1987
252 ebd.

Haiders Siegesserie schien unaufhaltsam. Bei den Wiener Landtagswahlen vervierfachte die FPÖ ihren Mandatsstand. Der gestürzte Obmann Norbert Steger verglich die Stimmung, die damals unter Haiders Anhängerschaft herrschte, mit „der Masse im Berliner Sportpalast, die ‚ja' schreit zum totalen Krieg". In Haiders Nähe, sagte Steger, seien nur noch „Mini-Haiders, bedingungslose Ja-Sager," zu finden. „Wer durchschaut, wie die Haider-Masche gestrickt ist", prophezeite Steger, „wird säuberlich entfernt und ersetzt".[253]

Er sollte recht behalten. Mit seiner jahrzehntelangen Erfahrung im Umgang mit Haider sah Steger auch einen Konflikt voraus, der die FPÖ schließlich ebenso stark verändern sollte, wie es einst der Innsbrucker Parteitag getan hatte: Den Machtkampf zwischen Haider und Gugerbauer.[254]

Gugerbauer hatte bei Haiders Machtübernahme in Innsbruck souverän Regie geführt. Jetzt war er Generalsekretär der FPÖ und sah mit gemischten Gefühlen zu, wie sein Chef die Versammlungssäle aufheizte. Als Haider beim Grazer Neujahrstreffen gegen das „morsche Staatsgebäude" und die „zwangsweise Verbindung von Politik, Korruption und Gaunerei" wütete und dann auch noch behauptete, bereits „eine Million Wähler" hinter sich zu haben, gab das so manchem Funktionär, auch Gugerbauer, zu denken.[255]

Obwohl die Grazer Gemeinderatswahlen enttäuschend verlaufen waren, wähnte sich Haider auf der Siegerstraße. „Wie in einem Höhenrausch", sagte der ehemalige Kärntner Obmann Ferrari-Brunnenfeld, „taumelt er siegestrunken von einer Veranstaltung zur anderen." Doch Ferrari hatte nichts mehr zu melden. Auch Bruno Kreisky habe „in seiner besten

---

253 Basta 12, 1987
254 ebd.
255 profil 3, 1988

Zeit Niederlagen einstecken müssen"[256], trumpfte Haider auf und wechselte bloß wieder einmal die Grazer Parteiführung aus.

Vorsichtig versuchte Gugerbauer, den Hitzkopf einzubremsen. „Es gibt einen alten Streit", erklärte er diplomatisch, „wie in der Demokratie ein Wechsel herbeigeführt werden kann. Manche meinen, der Weg von der Opposition in die Regierung gelingt nur, weil die bisherige Regierung zu viele Fehler macht, aber nicht dadurch, daß die Opposition durch eigene Konzepte und Kompetenz überzeugt. Wir wollen uns darauf nicht verlassen, sondern unsere Sachkompetenz mehr in den Vordergrund rücken. Dazu gehört auch die Verbreiterung unserer personellen Basis."[257]

Das war ganz und gar nicht Haiders Konzept; es war, wie vieles, was Gugerbauer sagte, in den Wind gesprochen.

Gugerbauer hielt nichts davon, die Bierzelte mit Ausländerparolen in Stimmung zu bringen, weil dies „der Kontrolle entgleiten" könnte. Die FPÖ müsse das Ausländerproblem „seriös" diskutieren und dürfe „nicht den Eindruck von Fremdenfeindlichkeit erwecken oder gar fremdenfeindliche Tendenzen unterstützen".[258]

Gugerbauer fühlte sich für die „Stabsarbeit" zuständig. Seine Strategie war, die FPÖ stärker zu machen und sie wieder in eine Regierung zu führen. Haider war der „Truppenführer", der „die eigenen Reihen motivieren sollte".[259]

Welch ein Irrtum, vom geborenen Einzelkämpfer Teamarbeit mit klarer Aufgabenverteilung zu erwarten. Haider konnte nie anders, als sich selbst aufzumuntern, indem er

---

256 Oberösterreichische Nachrichten, 26. 1. 1988
257 profil 3, 1988
258 ebd.
259 ebd.

dem Erfolg nachjagt, ein paar Prozentpunkte und noch mehr zulegt, und sich wie früher, wenn er seine Schulzeugnisse zu Mutti nach Hause brachte, dafür feiern zu lassen.

Die eigenen Leute hat Haider stets in Schach gehalten. Seine Anhängerschaft – keiner hat die wahre Bedeutung dieses Begriffs so klar erfaßt wie er – hat Haider von Anfang an wissen lassen, daß sie nur von ihm und seinem Erfolg abhängig ist.

Der Traum wurde Realität, als Gugerbauer ausschied und Heide Schmidt eine eigene Partei gründete. Haider hatte das Seltene geschafft, nicht von der Wirklichkeit korrigiert zu werden, sondern sie seinen Wünschen unterzuordnen.

Haider und Gugerbauer verbindet eine lange Männerfreundschaft, die durch Konkurrenz und gegenseitiges Nichtverstehen charakterisiert werden kann. Es verbindet sie eine gemeinsame Familiengeschichte. Auch Gugerbauers Vater war überzeugter Nationalsozialist gewesen und deshalb nach Kriegsende als Lehrer außer Dienst gestellt worden. Und dann war da wohl noch so etwas wie Männerehre – jenes unsichtbare Treueband, das Burschenschaften und andere Männerbünde immer schon zusammengehalten hat.

Als Buben saßen sie gemeinsam um die Lagerfeuer des Turnerbundes. Bei Redewettbewerben wetteiferten sie um die ersten Plätze. Einmal gewann der eine, dann der andere. Es muß ihnen ein Anliegen gewesen sein, die erste Mensur gegeneinander zu fechten. Gugerbauer war damals bei den „Oberösterreichischen Germanen", Haider bei der „Silvania". Bei der Mensur kommt es vor allem darauf an, den gegnerischen Schlägen nicht auszuweichen. Zuckt einer zusammen, wird der Kampf abgebrochen und für ungültig erklärt. Die Gegner tragen wattierte Lederwesten. Auf das Kommando „Mensur!" dreschen sie aufeinander los. Schnittwunden werden an Ort und Stelle genäht, ohne Narkose und unter den Zurufern der Anwesenden.

Für Gugerbauer symbolisierte die Mensur „eine Art, sich zur Gemeinschaft zu bekennen. Für den einzelnen ist das ja nicht sehr angenehm", wie er eingestand.[260] Haider sah darin mehr eine „Herausforderung". Der Sieg bei der Mensur liegt im Standhalten. Verletzt wurde damals keiner der beiden. Haider prahlte allerdings später damit, daß er „den Norbert ein paarmal schön erwischt, ihm einmal fast das Ohr zerfetzt" habe.[261]

Eines Tages im Frühsommer 1988 mußte Haider vor laufenden ORF-Kameras erklären, warum er seinen Generalsekretär – seinen „Freund" – verloren hatte. Haider tat es kühl und gelassen. Kritik an seinem Führungsstil, nein, so etwas habe Gugerbauer nie geäußert, das sei völlig aus der Luft gegriffen. Gugerbauer bestätigte das knapp. Was zu sagen war, hatte er schriftlich mitgeteilt.

„Sehr geehrter Herr Bundesparteiobmann, lieber Jörg!", begann das kurze Kündigungschreiben: „Ausgewählte Mitglieder des Präsidiums sind wahrscheinlich auf Parteikosten nach Klagenfurt eingeflogen worden, um dort eine Geheimsitzung abzuhalten. Diese Vorgangsweise halte ich nicht für richtig (...). Ich nehme sie zum Anlaß, meine Funktion als Generalsekretär mit Frist des nächsten Bundesparteitages zurückzulegen. Mit freiheitlichen Grüßen. Gugerbauer."[262]

Nicht Schlamperei, sondern die Angst vor Kritik hatte Haider damals die Sitzung von Wien nach Kärnten verlegen lassen. Heikle Debatten, in denen er unter Umständen

260 Wochenpresse 10, 1989
261 Basta 12, 1987
262 profil 22, 1988

nicht gewinnen konnte, führte er lieber ohne den Konkurrenten.

Schon in den Monaten davor waren die beiden immer wieder über die Abgrenzung zum rechtsextremen Rand aneinandergeraten. Erst hatte Haider einen Glückwunsch des französischen Rechtsextremisten Le Pen sehr wohlwollend aufgenommen. Dann hatte er den burgenländischen Spitzenkandidaten Robert Dürr, der sich auch in der rechtsextremen Schrifttums-Szene ganz heimisch fühlte, verteidigt. Um das Maß voll zu machen, war auch noch das Treffen Haiders mit dem Neonazi Norbert Burger publik geworden. Gugerbauer fürchtete um die Reputation der FPÖ. Mit solchen Aktionen, sagte der Generalsekretär, „gewinnen wir einen und verlieren zehntausende".[263]

Scharfe Worte, noch dazu öffentlich vorgebracht, hat Haider nie verwunden. Wenn schon auf Grund eines so kleinen Vorkommnisses derart heftig Kritik aufkomme, raunzte er im Parteivorstand, was habe er dann zu erwarten, wenn wirklich ein größerer Fehler passiere, der sicher nicht ausbleiben werde.[264]

Er habe es einfach „satt gehabt", gestand Gugerbauer seinen Freunden, dauernd Vorfälle verteidigen zu müssen, die er nicht zu verantworten habe. Ständig werde er „mit Rechtsradikalismus bekleckert", obwohl er unentwegt für „einen klaren Kurs der Mitte plädiert" habe.[265]

Für Haider kam das nicht unerwartet. Schon vor dem Rücktritt seines Freundes hatte er vorsorglich die Volksanwältin Heide Schmidt gefragt, ob sie eventuell ins Generalsekretariat wechseln würde. Auch das hat Gugerbauers Ent-

---

263 profil 13, 1988
264 ebd.
265 profil 22, 1988

schluß, sich in Oberösterreich um die Obmannschaft zu bewerben, beschleunigt. Eine Frau als Konkurrentin wäre Haider nie in den Sinn gekommen.

Haider mußte sich nun auf ernsthafte Gegnerschaft einstellen. Gugerbauer war nach Oberösterreich entschwunden. Ein Landesparteiobmann, das wußte Haider aus eigener Erfahrung, konnte sich eine Hausmacht schaffen und einen Obmann stürzen. Haider betonte nun bei jeder sich bietenden Gelegenheit, daß er in Gugerbauer den Mann sähe, der für eine Regierungsbeteiligung der FPÖ geradezu idealtypisch in Frage komme. Er selbst würde sich dann „ausschließlich um die Umsetzung der Regierungsarbeit in der Organisation kümmern".[266]

Der neuen Generalsekretärin Schmidt hatte Haider ebenso großzügig zugestanden, sie könne doch „etwas für die Liberalen in der Partei tun".[267] Vorsichtshalber stellte er ihr aber zwei Männer zur Seite. Den bedingungslos loyalen Mathias Reichhold, den Haider bei einem seiner Streifzüge durch die Wirtshäuser kennengelernt hatte, und Harald Göschl, den neuen Bundesgeschäftsführer.

Mit der Auswahl Göschls hatte Haider Pech. Der blonde junge Mann war vielen zwar nur von den Plakaten bekannt, auf denen er gemeinsam mit Haider, Schmidt und Reichhold in der schönen Bergwelt des Bärentales posierte. Aber eine dubiose Waffenschieber- und Libyenconnection beendete bald Göschls politische Karriere.

Haider, der wegen seiner cäsarenhaften Personalpolitik ohnehin fortwährend kritisiert wurde, nahm die „unglaubliche Kampagne" gegen Göschl zum Anlaß, die Bundespolitik „jetzt erst recht nicht mehr aufzugeben". Man werde

---

266 Arbeiterzeitung, 6. 6. 1988
267 Gespräch mit Heide Schmidt am 23. 7. 1999

ihn schon noch kennenlernen, drohte er nach allen Seiten.[268]

Haider durchlitt, wie er sagte, Phasen, in denen er „alles hinschmeißen möcht'". Er gab sich bescheiden. Er gestand, daß er einmal Vizekanzler hatte werden wollen, daß er nun von diesem Vorhaben aber absehe. „Ein anderer" werde ein freiheitliches Regierungsteam anführen.[269]

Doch depressive Phasen sind bei ihm nie von langer Dauer. „Die haben alle kein Belastungsniveau"[270], sagte er bald darauf überlegen, wenn sich der eine oder andere Parteifreund an der Schärfe seiner Wortmeldungen stieß.

Haider hatte in der Kärntner ÖVP seine Beziehungen spielen lassen und konnte damit rechnen, daß er bei einem Wahlerfolg in Kärnten, gute Chancen hätte, zum Landeshauptmann gewählt zu werden. Er entschied, als Kärntner Spitzenkandidat in die Wahlen zu gehen. Gugerbauer wurde nach Wien zurückgeholt, und seinen Vertrauten, Gernot Rumpold, setzte Haider in die Bundesgeschäftsstelle. Er schien alles unter Kontrolle zu haben. Was noch fehlte, war eine Generalvollmacht. Er werde sich „als Bauer" ins Bärental zurückziehen, drohte Haider im Parteivorstand, wenn er nicht das Durchgriffsrecht auf alle Landesorganisationen bekäme. Doch formell wurde ihm das erst elf Jahre später zugestanden.

Im Dezember 1988 wurde Haider auf unangenehme Weise von seiner Vergangenheit eingeholt. Briefe des ehemaligen Parteivorsitzenden Friedrich Peter hatten einen Weg in die Öffentlichkeit gefunden. Die FPÖ habe sich, schrieb der ehe-

---

268 Basta, 26. 8. 1988
269 Basta, 4. 12. 1988
270 Basta 2, 1989

malige Ziehvater Haiders, zu einem „Saustall" entwickelt. Mit seiner „Politdreckschleuderei" habe Haider die Freiheitlichen ins politische Ghetto geführt. Die Partei sei „völlig egoistisch auf seine Person zugeschnitten". Kein Wunder also, wenn er keine besseren Menschen bekomme, als den „Ramsch", mit dem auf Dauer kein Staat zu machen sei.

Das waren harte Worte, an Freunde gerichtet und nicht zur Veröffentlichung gedacht. Als einziger Retter aus der Misere fiel Friedrich Peter Norbert Gugerbauer ein.[271] Haider reagierte rotzig und auf seine Art ganz typisch: „Das ist doch nur der Neid eines ewig Erfolglosen, der den jüngeren gern an der Leine gehalten hätte."[272] Kritik bleibt meist ohne Folgen, wenn sie einen Erfolgreichen trifft. Das war auch bei Haider so. Im Mai 1989 wurde Haider mit den Stimmen der ÖVP zum Kärntner Landeshauptmann gewählt. Der Abschied Leopold Wagners aus der Politik, das aufgestaute Veränderungsbedürfnis und die jahrzehntelange SPÖ-Dominanz in Landtag, Gewerkschaft, Arbeiterkammer und in den Wirtschaftsbetrieben des Landes hatten die FPÖ dort schon in den achtziger Jahren zu einer Mittelpartei anschwellen lassen.

Viele der Versprechen, die man heute von Landeshauptmann Haider hört, wurden damals erfunden: Das Modell Kärnten als Vorbild für Österreich. Die Ankündigung, die Politik aus Landesbetrieben, Schulen und Verwaltung herauszuhalten, objektive Postenvergabe, eine fleißige Beamtenschaft. Den Kärntnern ist heute noch in Erinnerung, daß Haider die verhaßten, an die Wiener Bürokratie gemahnenden Hofratstitel abschaffte.

Als Landeshauptmann mußte Haider die Zügel auf bun-

---

271 Kleine Zeitung, 15. 12. 1988
272 ebd.

despolitischer Ebene lockern. Im Gegensatz zur Situation im Jahr 1999 gab es damals profilierte Politiker mit eigenen Karrierezielen. Nobert Gugerbauer residierte als Klubobmann in Wien. Heide Schmidt glänzte neben dem sprücheklopfenden Parteiobmann als liberale, selbstbewußte Frau, die auch hin und wieder eine eigene Meinung äußerte.

Schmidt war besonders unter den Haider-Freunden in Kärnten unbeliebt. Sie hatte sich von Kriemhild Trattnig abgegrenzt, die sich im Grenzlandjahrbuch der FPÖ unverhohlen antisemitisch über die „Frankfurter Schule" geäußert und wieder einmal vor „drohender Überfremdung" gewarnt hatte. Haider verteidigte Trattnig nur halbherzig. Auch ihm waren die Nationalen, die einmal seinen Aufstieg befördert hatten, mittlerweile ein Klotz am Bein geworden. Auf einem der Kärntner Parteitage ließ er seine junge Garde mit Gernot Rumpold an der Spitze gegen Trattnig aufmarschieren. Als er sah, daß der Huber-Clan, dem Kriemhild Trattnig angehört, noch zu stark war, ließ er seine Jungmänner allein, ja er rügte sie sogar vor den Parteitagsdelegierten, weil sie „treue Weggefährten in eine Ecke" stellen wollten.[273] Doch aufgeschoben war nicht aufgehoben.

Endgültig losgeworden ist Haider seine Fördererin nach seiner Abwahl als Kärntner Landeshauptmann. In jenem Jahr, in dem sich Haider entschloß, die Politik wieder von Wien aus umzugraben, fand am Vorabend eines Parteitages eine Art bunter Abend statt. Haiders junge Sekretäre hatten diese „Riesenhetz'" vorbereitet. Höhepunkt war Gernot Rumpold, der, in Dirndl und Perücke als Trattnig verkleidet, all das verhöhnte, was für diese Frau einen Wert darstellte. Das war möglich, eben weil sie eine Frau ist. Ein Mann, der dieselbe Blut- und Boden-Ideologie vertrat, konnte auf An-

273 Presse, 16. 10. 1989

erkennung bauen.[274] Andreas Mölzer, damals Haiders persönlicher Grundsatzreferent, spielte bei diesem Kabarett voll Eifer mit. Er wurde später mit der Leitung der Bildungsakademie betraut und ist heute Kulturreferent des Landeshauptmanns von Kärnten.

Tief verletzt, daß Haider die Verhöhnung zugelassen und auch noch mitgelacht hatte, trat Trattnig noch am Gasteiner Parteitag aus der FPÖ aus. Fortan schwieg sie. Erst als Haider sie öffentlich als „kleinkariert, ausgebrannt und psychisch nicht belastbar" denunzierte, wehrte sie sich.[275] Der Jörg sei mächtiger geworden, sagte sie enttäuscht, und das wirke sich halt auf den Menschen aus. Die Gruppe um Haider nannte sie eine „Polit-Yuppie-Mafia, denen das Parteiprogramm nichts, die Macht, ihre Mandate und Pfründe aber alles sind".[276]

Die sogenannte „Bubenpartie" war in der Tat immer bedeutender geworden. Junge Männer Mitte 20, ehrgeizig, unpolitisch, beeindruckt vom Erfolg und stark in der Gruppe. Sie waren die Headhunters, die ihresgleichen auf den Tennisplätzen auflasen, beim Wasserskifahren und beim Rafting oder in den schicken Bars am Wörthersee. „Wir waren wahnsinnig viel unterwegs, um Leute zu finden und in Funktionen zu bringen", sagt Rumpold. „In den Wirtshäusern, in den Diskotheken haben wir die Leute aufgegabelt, wo halt Leute sind. Wir haben gewußt, daß ein bisserl ein Flugsand dabei ist. Das ist ein Restrisiko. Das nimmt man in Kauf."[277]

---

274 Gabriella Hauch, Stammtische und Buberlpartien, in: Manfred Lechner (Hg.), Tagungsband des 4. Österreichischen Zeitgeschichtetages im Mai 1999, Innsbruck 1999

275 ebd.

276 Neue Kronenzeitung, 24. 5. 1992

277 Gespräch mit Gernot Rumpold am 10. 6. 1999

Wo immer Haider auftrat, war er in wechselnder Besetzung von Angehörigen dieser Gruppe umgeben, und man konnte sie kaum noch voneinander unterscheiden. Sie machten jede Modetorheit mit, die Haider vorgab. Sie waren die Pin-ups der neuen FPÖ. Sie kamen in sogenannte „Stabstellen" im Kärntner Landtag, in Haiders Landeshauptmann-Büro, und wenn Haider es für nötig hielt, dann verpflanzte er einen von ihnen nach Wien ins Parlament. Zur Kontrolle. Sie waren dort, wo Haider sie haben wollte. Sie waren so begeistert. Sie waren der verdichtete Ausdruck der Massen, die bei den großen Haider-Spektakeln zusammenkamen. Sie waren „neu, attraktiv, zielsicher und ideenreich", wie Reinhart Gaugg, Haiders liebster Tennispartner, einmal den Begriff „Nazi" buchstabierte und damit ihr Selbstbild auf den Punkt brachte. Man darf hier keine Hintergründigkeiten erwarten. Gaugg hatte bloß einem Eindruck spontan Ausdruck verliehen. „Nazi" war ein Ettikett, mit dem der politische Gegner die FPÖ fälschlicherweise gekennzeichnet hatte, und Gaugg hatte das mit dem Terror der bedingungslosen Jubelstimmung beantwortet.

Wenn Haider heute seine Parteifunktionäre bei der Stange hält, muß er Drohungen und disziplinäre Maßnahmen setzen. Damals folgten sie ihm freiwillig.

Das Phänomen von Faszination oder Dämonie, die man Haider ja nachsagt, kann man mit einer Argumentation von Carl Amery erläutern. Zur Veranschaulichung schilderte Amery einen Versuch mit Schwarmfischen, jenen winzigen glitzernden Wesen, die zu Hunderten und Tausenden gemeinsam und in einem einzigen Augenblick die Richtung wechseln.[278] Wissenschafter isolierten den Nervenstrang, der längsseits ihrer Flanken verläuft und der ihnen diese Reaktion

---

278 Carl Amery, Hitler als Vorläufer, Berlin 1998, S. 52 f.

ermöglicht. Einem dieser kleinen Fische wurde das lebenswichtige Empathieorgan entfernt. Der mißhandelte Fisch, äußerlich unversehrt, wurde dann dem Heimatschwarm zurückgegeben. Er wurde zum Führerfisch. Da er keine Signale wahrnahm, die Tausendschaft seiner Gefährten aber einen solchen Zustand nicht kannte, nahmen sie seine einsamen, nicht mehr mit ihnen koordinierten Richtungsentschlüsse als Ergebnis der vertrauten kollektiven Abstimmung und damit als richtungsweisend an. „Er allein" schrieb Amery, „der geheime Krüppel, schien zu wissen, wo es langging, während er in Wahrheit nur blindem, autistischem Drang folgte."

Haider hatte nicht viel Zeit für seine neuen Freunde. An der Spitze sei es eben einsam, sagt Rumpold, und man müsse „viel mehr geben als man nehmen kann. Wenn ein Politiker oben ist, ist Leere."[279]

Rund um sein Landeshauptmannbüro in Kärnten hatte Haider bald eine Parallelstruktur zum Parlamentsklub in Wien aufgebaut. Die Unterschiede konnten größer nicht sein. Um Haider scharten sich begeisterungsfähige Zufallsbekanntschaften. Klubobmann Gugerbauer hatte erfahrene, fachlich kompetente Funktionäre in den Klub geholt. Haider stand für eine Bewegung, deren Konturen noch unscharf waren, Gugerbauer für die Partei. Haider ahnte die Gefahr. „Jetzt hab ich schon die Heide Schmidt zur Generalsekretärin gemacht und den Norbert Gugerbauer zum Klubobmann, also zwei, die als Liberale gelten. Und ich, der böse Jörg Haider, ziehe mich nach Kärnten zurück", sagte er mißmutig.[280] Er war zwar noch immer Parteiobmann, aber sehr um Kontrolle besorgt. Zuerst wurde Heide Schmidt in das Amt der Dritten Nationalratspräsidentin weggelobt. Dann

---

279 Gespräch mit Gernot Rumpold am 10. 6. 1999
280 Wiener, April 1989

185

installierte er Mathias Reichhold und Walter Meischberger im Generalsekretariat. Der Jungbauer Reichhold hatte sich auf Anhieb glänzend mit dem „Jörg" verstanden. Den Anstoß, sich bei den Freiheitlichen zu engagieren, gab eine politische Postenbesetzung. Reichholds geliebter Volksschullehrer war mangels rotem Parteibuch als Direktor verhindert und verleumdet worden. „Wir ham alle so lang zuag'schaut, bis der sich aufg'hängt hat", machte er sich Vorwürfe.[281]

Walter Meischberger war der nette Bursch aus Tirol, der gleich bei seinen politischen Gehversuchen in seiner Heimatgemeinde Kematen die Jugend hinter sich herzog. Das zählte. Der Parteiapparat mußte mit einer rasant wachsenden Wählerschaft – bei den Nationalratswahlen 1990 war die FPÖ bereits auf 16,6 Prozent gekommen – mithalten.

Der Klagenfurter Parteichef Walter Candussi paßte nicht mehr in den Bund der Erfolgreichen, als er bei der Bürgermeisterdirektwahl im Frühjahr 1991 schlechter abschnitt als seine Partei. Er wurde gegen die Beschlüsse der Stadtpartei abgesetzt. „Geh' nicht in die Gremien und marschier'"[282] hatte Haider ihm befohlen. Die Haider-Truppe warf ihm vor, ein „Geheimdossier" angelegt zu haben. In Wahrheit ging es um alte Seilschaftspakte, die Candussi und Haider zur gegenseitigen Karrierehilfe abgeschlossen hatten. Haider hatte Hilfe gebraucht, um den Kärntner Parteichef Ferrari auszuschalten, und Candussi wollte unbehelligt in Klagenfurt schalten und walten. Die beiden waren einander nützlich. Ob es nun darum ging, Ferrari aus der Partei zu drängen oder gegen Steger mobil zu machen, Candussi hatte sich auf den Kärntner Parteitagen zu Wort gemeldet und brav Haiders Sache vertreten. Nun, vielleicht hatte er ein bißchen herumerzählt, ein

281 profil 50, 1990
282 profil 25, 1992

bißchen was angedeutet. Man bot Candussi 500.000 Schilling, wenn er „in Ruhe marschiert". Die grobe Arbeit und die Einschüchterung hatte Rumpold erledigt. Auf ihn konnte sich Haider auch vor Gericht herausreden.

Haider wurde zusehends ungeduldig. Er war zwar Landeshauptmann von Kärnten, doch die Mehrheit in der Regierung hatten ÖVP und SPÖ. Das ließen sie ihn spüren. Und wenn er nach Wien kam, dann waren dort Gugerbauer und Schmidt die wichtigen Leute, die auch von den anderen Parteien anerkannt und geschätzt wurden. Immer öfter meldete er sich von Kärnten aus mit sogenannten scharfen „Sagern" zu Wort. Er muß Angst gehabt haben, daß mit Gugerbauer oder Schmidt eine etwaige Regierungsbeteiligung der FPÖ in greifbare Nähe rücken und er nicht dabei sein würde. Vielleicht torpedierte er deren Arbeit gar nicht bewußt, vielleicht hielt er es nur nicht aus, zuschauen zu müssen. Als es darum ging, den Spitzenkandidaten für die Nationalratswahlen zu bestimmen, begann er, verächtlich über die beiden zu reden.

„Auch der prächtigste Rolls Royce", sagte Haider über seine Landeshauptmann-Existenz, „hat irgendwann einmal zu viele Kilometer drauf. Dann muß man ihn in die Garage stellen und nur mehr zu besonderen Anlässen hervorholen. In der Zwischenzeit kann man sich mit einem Mittelklassewagen begnügen."[283] Heide Schmidt schob er vor laufenden Kameras Tortenstücke in den Mund und lobte sie als eine, die „ganz gut artikuliert. Sie müsse ja nicht immer selber was erfinden."[284] Auf der Suche nach einem Spitzenkandidaten für die Nationalratswahl sagte er, „im schlimmsten Fall" könne es ja „die Schmidt" machen.[285]

283 Basta 6, 1991
284 profil, 19. 3. 1990
285 Basta 6, 1991

Zum offenen Krach kam es, als Haider im Kärntner Landtag die „Beschäftigungspolitik im Dritten Reich" lobte. Im Parteivorstand hatten Gugerbauer, Schmidt und der Großindustrielle Mautner-Markhof gesagt, daß es „so nicht weitergehen" könne.[286] In der Öffentlichkeit qualifizierte Gugerbauer Haiders Äußerung als „völlig unangemessen".[287] Er weigerte sich auch, seine Abgeordneten zur großen Haider-Solidaritätskundgebung nach Klagenfurt zu schicken. Meischberger saß damals in der Cafeteria des Parlaments und versuchte ein gechartertes Flugzeug zu füllen. Doch der Klubobmann bestand auf der Anwesenheit seiner Mandatare während einer Plenarsitzung. Das hat ihm Haider nie verziehen. „Von diesem Augenblick an war die Opposition da", sagt Rumpold.[288]

Nach seiner Abwahl war Haider zum Landeshauptmann-Stellvertreter degradiert worden. Nun mußte Meischberger eine neue „Stallorder" ausgeben. Unter dem Eindruck des Abschlußtrainings für das Budapester Formel -1-Rennen sagte Meischberger, daß „die FPÖ ein Rennstall und Haider die Nummer Eins" sei, die sich „die beste Ausgangsposition und das beste Material aussuchen" dürfe. Haider solle nach seiner Abwahl Gugerbauer als Klubobmann ablösen.[289] Er könne den Klub ja abstimmen lassen, gab Gugerbauer verärgert zurück, er gehe jedenfalls fix von einer Mehrheit für sich aus.[290] Haider war tief beleidigt. Er ließ dem Parlamentsklub ausrichten, sie sollten „auch einmal so viel leisten" wie er, und wenn die Dinge so laufen, dann könne sich Gugerbauer

286 Die Presse, 26. 7. 1991
287 Neue Kronenzeitung, 20. 6. 1991
288 Gespräch mit Gernot Rumpold am 10. 6. 1999
289 Der Standard, 12. 8. 1991
290 profil 33, 12. 8. 1991

schon einmal auf die Nachfolge als Parteiobmann vorberei-
ten.[291]

Ein Jahr später saß Haider in einem frisch ausgemalten, großen Zimmer im zweiten Stock des Parlamentsgebäudes und
verkündete den Sturm aufs Kanzleramt. Die modernen Ge-
mälde, die sein Vorgänger Gugerbauer gesammelt hatte, waren verschwunden. „Die haben mich" sagt Haider, „ganz
trübsinnig gemacht."[292] Haider hatte erreicht, was er wollte:
Er war Klubobmann geworden, Gugerbauer hatte die Politik
aufgegeben, und Heide Schmidt hatte er in der Öffentlichkeit ordentlich lächerlich gemacht. „Mit der Heide geht's
mir", sagte er, „wie mit einem ungezogenen Kind. Sie steckt
offensichtlich in einer ziemlichen Identitätskrise." „Wahrscheinlich" schob er noch nach, „hat das sehr persönliche
Gründe."[293]
   Heide Schmidt tourte damals, im Frühjahr 1992, in wahlkämpfender Mission durch Österreich. Sie war die freiheitliche Spitzenkandidatin für das Amt des Bundespräsidenten.
Sie hatte dabei ziemlich viel Ärger. Haider und seine Buben
führten das große Wort. Den sozialdemokratischen Kandidaten Rudolf Streicher verunglimpften sie als „Freimaurer", den
grünen Zukunftsforscher Robert Jungk als Verfasser von
„NS-Jubelbroschüren". Der eine war tatsächlich bei den Frei-
maurern, aber deshalb noch lange kein Mitglied einer Welt-
verschwörung, wie Haider andeutete. Der andere war jüdi-
scher Emigrant und hatte in der Hitler-Zeit in der neutralen
Schweiz als Journalist gearbeitet und sich der damals üblichen Terminologie bedient. Andreas Mölzer rundete das Bild

---

291 Der Standard, 16. 8. 1991
292 News 2, 1992
293 News 2, 1992

ab, indem er von einer „drohenden Umvolkung Österreichs"
sprach. Seine Sorge begründete der sechsfache Kindsvater mit
der schwach gewordenen „biologischen Potenz der Deutschen", deren „überalterter und schwacher Volkskörper dy-
namischen Zuwanderern" gegenüberstehe.[294] So konnte
Schmidt ihre liberalen Zielgruppen kaum überzeugen.

Trotz großer Widerstände in der FPÖ-Führung wurde
Mölzer mit der Leitung der freiheitlichen Bildungsakademie
betraut. Es war eine offene Kampfansage an die liberalen
Kräfte in der FPÖ. Heide Schmidt verstand die Welt nicht
mehr. Haider hatte ihr doch versprochen, Mölzer nicht in
diese Funktion zu heben. Nobert Gugerbauer sah sie nur mit-
leidig an. „Du bist wirklich naiv", sagte er.[295]

Mautner-Markhof, dem wohl seine jüdischen Vorfahren
bewußt geworden waren, forderte im Parteivorstand Mölzers
Entlassung. Meischberger, damals noch g'schamster Diener,
bezichtigte Mautner-Markhof daraufhin einer feindlichen
Gesinnung. Er habe ja nicht einmal einen Auftritt Haiders in
seinem Unternehmen zugelassen. Der Parteichef saß daneben
und lächelte. Dem Großindustriellen war das genug. Mit den
Worten „das ist meine Umvolkung"[296] legte er seine Funktion als Stellvertreter Haiders zurück. Wenn das so sei, dann
könne er gleich ganz gehen, richtete ihm Haider über die
„Krone" aus.[297] Schmidt wagte leisen Widerspruch, da setzte
der Chef ein Exempel. Er ließ Druck und Auslieferung der
Wahlplakate stoppen. Sie solle sehen, sagte er, wie sie allein
weiterkomme. „Wir haben sie einfach abstürzen lassen", sagt
Rumpold und er muß heute noch lachen, wenn er daran

---

294 profil 9, 1999
295 Gespräch mit Heide Schmidt am 23. 7. 199
296 profil 10, 1992
297 profil 10, 1992

denkt. „Sie war in allen Umfragen vorn. Wenn wir einen Drive draufgegeben hätten, hätte sie es geschafft. Aber dann kam der Absturz, weil die Schmidt einfach nicht solidarisch war. Kein Kameradschaftsverständnis. Die war nicht bei der Partie dabei."[298].

Eines Abends im Frühjahr 1992 sah man dann im Fernsehen Heide Schmidt wie ein gescholtenes Schulkind neben dem Parteiobmann stehen. Haider sagte gönnerhaft, er überlege, wie man mit der Kandidatin weiter verfahren werde. Er werde die Partei dazu befragen. Heide Schmidt sagte nichts.

Schmidt und Gugerbauer waren an diesem Tag zu einer Aussprache mit dem Chef nach Klagenfurt beordert worden. Während Schmidt sich mit diesem Auftritt noch demütigen ließ, war über Gugerbauer das Urteil schon gefällt. Für Rumpold war das eine „logische Geschichte. Die waren gegen den Jörg und wir haben gesagt, entweder seid's für ihn oder ihr seid's gegen ihn, entweder Solidarität oder gar nix. Und dann war gar nix."[299] Vielleicht ahnte es Gugerbauer, gewußt hat er es nicht. Die Türklinke in der Hand, hatte Haider, bevor er sich den ORF-Kameras zuwandte, zu seinem Klubobmann noch gesagt, daß man über die Klubsache irgendwann einmal reden müsse. „Darüber kann man durchaus reden", sagte Gugerbauer und machte sich auf den Weg zum Flughafen.

In der Parteileitung, die am Tag darauf in Oberösterreich tagte, entschuldigte sich Haider für seine „überzogenen Aktionen".[300] Man könnte fast von einer guten Stimmung reden, die aus Erleichterung um sich griff. Da meldete sich ein

---

298 Gespräch mit Gernot Rumpold am 10. 6. 1999.
299 ebd.
300 profil 11, 1992

weithin unbekannter Herr namens Siegfried Mitterdorfer zu Wort, aus „spontanem Entschluß heraus", wie er später sagte, und stellte den Antrag, daß Haider Klubobmann werden solle. Als Schmidt, Mautner-Markhof und ein paar andere auf Gugerbauer zustürzten und fragten, ob das so ausgemacht sei, sagte der nur: „Ja, ja, laßt es sein." Gugerbauer wollte sich nicht erniedrigen lassen. Er griff nach seiner Aktentasche und verschwand, so ein Beobachter, durch das ebenerdige Fenster des Gasthauses, um nicht den Journalisten Rede und Antwort stehen zu müssen. Ein paar Mal konnte man ihn noch im Parlament sehen, wo er die Monate bis zum Pensionsanspruch aussaß. Heute ist er ein erfolgreicher, manche sagen der erfolgreichste Kartellanwalt.

Um Gugerbauers Rücktritt haben sich Legenden gebildet. Dabei war es doch „nur" der verlorene Kampf zwischen zwei unterschiedlichen politischen Strategien. Rumpold behauptet, Gugerbauer habe sich immer schon als „heimlicher Parteiobmann" gefühlt und sich „bei den anderen Parteien als Vizekanzler hineingeschmiert".[301] Heide Schmidt blieb bis zum Ausländer-Volksbegehren, das die „Primadonna"[302], wie Haider sie nannte, nicht unterstützen wollte. Sie ging, spät aber doch, und gründete mit drei weiteren Freiheitlichen das Liberale Forum.

Alles, was dann noch kommen sollte, kann man aus dem Grundkonflikt Gugerbauer-Haider ableiten.

Im Jahr 1993 versuchte Haider seine europafreundlich gesinnte Partei auf eine europaskeptische Linie zu zwingen. Weil er keinen Beschluß im Parteivorstand durchbrachte, ließ er über die sogenannten „Hausaufgaben" abstimmen. Das waren Bedingungen, die die Regierung vor dem Beitritt erfül-

---

301 Gespräch mit Gernot Rumpold am 10. 6. 1999
302 Der Standard, 15. 10 1992

len sollte. In Haiders Augen wurde das natürlich „nicht genügend" erledigt, und mit jedem weiteren seiner Auftritte fand sich die Partei plötzlich in Gegnerschaft zu Österreichs Beitritt. „Wir haben zwei große Events gebraucht", sagt Rumpold, „um sie in eine kritische Haltung zu bringen."[303]

Die strategischen Hintergedanken waren dieselben wie beim Ausländervolksbegehren. Haider wollte die Unzufriedenen um emotionale Konfliktthemen formieren. Was andere rechtspopulistische Parteien in Europa schon lange praktiziert hatten, führte Haider zur Meisterschaft. Er begnügte sich nicht mit einer Single-issue-Politik, sondern setzte, wie in einer Kettenreaktion, immer neue Kampagnen in die Welt. Dabei ging ihm der Jugendfreund und Wirtschaftssprecher Helmut Peter endgültig verloren.

In diesen, wohl auch persönlichen, Niederlagen sucht Haider nach Schwachstellen, die den anderen persönlich verletzen können. „Wenn Peter Angst hat vor den Mächtigen, dann muß er sich in ihren Schutz begeben. Das verstehe ich, denn er lebt ja davon, daß sein Firmenruf nicht angegriffen wird", warf er Peter zum Abschied nach.[304] Zwei Jahre zuvor hatte er Peter noch gegen den abtrünnigen Mautner-Markhof ausgespielt. Im Gegensatz zu diesem sei Peter „kein Hefe-Monopolist", sondern stehe „im freien Wettbewerb".[305]

Wenn Haider ganz allgemein mit der Partei unzufrieden ist, pflegt er Begriffe aus der Pädagogik zu verwenden. Die sogenannten „Hausaufgaben" sind mittlerweile ja in den Sprachschatz aller Politiker eingegangen. „Von Zeit zu Zeit" sagt Haider gern, fühle er sich „wie die Gouvernante eines

303 Gespräch mit Gernot Rumpold am 10. 6. 1999
304 Die Presse, 6. 4. 1992
305 Der Standard, 10. 8. 1993

großen Kindergartens".[306] Seine Parteifreunde akzeptieren das. „Wir haben uns kindisch benommen", entschuldigte sich der Salzburger Karl Schnell im Jahre 1998 für das Chaos in seiner Landesorganisation.[307] Für die Unterwerfungsrituale muß Haider nicht einmal persönlich anwesend sein. Wenn seine Sekretäre aus eigener Kraft die Weisungen nicht durchsetzen konnten, spielten sie widerspenstigen Parteifreunden schon einmal ein Videoband vor, das den Standpunkt des Chefs klarstellt.[308] Wer nicht pariert, geht. Oder in Haiders Worten: „Wer sich von der politischen Linie absentiert, der muß gehen."[309] Die politische Linie umfaßt natürlich das gesamte Spektrum von Haiders Willen.

Der Kärntner Unternehmersohn Karl-Heinz Grasser war einmal die Nachwuchshoffnung der FPÖ. Er war das höfliche Gesicht der Partei, nicht das bierschwangere Drumherum. Anstatt mit der Truppe „saufen zu gehen", wie Rumpold einmal monierte, sei Grasser „heim und lesen gegangen".[310] Nach Gugerbauers Abgang hatte Haider den Vorzugsstudenten als seinen persönlichen Berater engagiert, ein Jahr darauf war Grasser Generalsekretär, und wieder ein Jahr später wurde er als Landeshauptmannstellvertreter angelobt und zog selbstbewußt in Erwägung, „im Jahr 1999 Kärntner Landeshauptmann zu sein". Das hätte er nicht sagen sollen.

Immer öfter wagte sich Grasser mit unbotmäßigen Worten an die Öffentlichkeit. Er kritsierte den Auftritt Haiders vor SS-Veteranen in Krumpendorf, er besuchte die von der

306 Der Standard, 10. 8. 1993
307 profil 19, 1998
308 profil 5, 1993
309 profil 5, 1998
309 profil 5, 1998
310 profil 6, 1998

FPÖ verteufelte Ausstellung über die Verbrechen der Wehrmacht. Er nahm Proteststürme in Kauf, als er sich bei den Kärntner Widerstandskämpfern gegen die Nazis bedankte. Grasser wollte das Oppositionsimage der FPÖ in ein Regierungsimage umwandeln.

Im Frühjahr 1998 leistete er sich den Faux-pas, den Parteiobmann „als zur Zeit nicht besonders motiviert" zu bezeichnen. Haider sprach von „Verrat und schwerer persönlicher Demütigung". Grassers Kärntner Parteifreunde, Haiders junge Garde, stürzten sich wie ein Wolfsrudel auf ein Schaf. Grasser ging, bevor er gegangen wurde.

Es gibt ewige Vorzugsschüler, die mit einer Wunde im Herzen herumgehen, wenn ihnen der Klassenvorstand fehlt, bei dem sie das schlechte Betragen der anderen denunzieren können. Das sind Haiders treue Wegbegleiter. Manchmal schert einer aus, weil er ins Eck gedrängt oder von Haider persönlich enttäuscht wird. Ex-Generalsekretär Walter Meischberger mußte gehen, weil seine Steueraffäre im Europawahlkampf ein ungünstiges Licht auf die Sauberkeitspartei geworfen hat. Er fühlte sich verraten, weil das Versprechen, er würde nach einem Freispruch des Parteischiedsgerichts rehabilitiert werden, nicht eingehalten wurde. Er war enttäuscht, weil Haider kein Wort zu ihm gesagt hatte und das erledigen ließ.

Eine gewisse Schubkraft erhalten Trennungen und Parteiaustritte von einer brutalen Konkurrenzsituation in der Clique um Haider, deren Mitglieder wie Trabanten um ihren Stern kreisen, immer genau darauf achtend, wer gerade in eine nähere Umlaufbahn wechselt.

Die Gefahren des Etablierten

Am 13. Juni 1991 ließ sich Jörg Haider wohlig aufgeregt in den Sitz seines Dienstwagens zurückfallen. Er war gerade noch davongekommen, glaubte er. Der Kärntner Landtag hatte an diesem Tag über die Ausländerfrage debattiert. Man war sich weitgehend einig gewesen. Der Sozialdemokrat und Arbeiterkammerchef Erwein Paska hatte als erster zum „Schutze der heimischen Arbeitnehmer" gesprochen und die viel zu hohe Ausländerquote kritisiert. Er verlangte, daß „Unsere mehr verdienen sollen". Landeshauptmann Haider begründete, warum die Zumutbarkeitsbestimmungen für Arbeitslose verschärft werden müßten, als plötzlich der sonst eher stille sozialdemokratische Abgeordnete Gerhard Hausenblas dazwischenrief, das habe es schon einmal gegeben, „aber im Dritten Reich". – „Nein, das hat es im Dritten Reich nicht gegeben, weil im Dritten Reich haben sie ordentliche Beschäftigungspolitik gemacht, was nicht einmal Ihre Regierung in Wien zusammenbringt", gab Haider zurück. Und weil es seine Gewohnheit ist, einen Angriff mit einem zweiten vergessen zu machen, sagte er sinngemäß zur sozialdemokratischen Seite gewandt, daß es nicht so schlimm gewesen sein könne, weil „die höhergradigen Hitlerjungen noch fast 40 Jahre eure Partei angeführt haben."

Es verging fast eine Viertelstunde, ehe der erste Abgeordnete gegen Haiders Aussage protestierte und eine weitere, bis sich im ganzen Landtag kollektive Empörung breitmachte. Haider lenkte ein, er habe es nicht so gemeint. Er erklärte: „Wenn es für Sie eine Beruhigung ist, nehme ich sie (die Aussage zur Beschäftigungspolitik, C. Z.) auch mit dem Ausdruck des Bedauerns zurück." Das Landtagsprotokoll vermerkt: „Zustimmendes Nicken."[311]

Eine Woche darauf war Haider nicht mehr Landeshauptmann. Er war abgewählt worden, weil ein Landeshauptmann so etwas nicht sagen darf. Er war jetzt nur noch Stellvertreter. Eigentlich eine Farce: Landeshauptmann nein, Stellvertreter ja ...

Doch die Normalität von Haiders Alltag hatte ein abruptes Ende gefunden. Man ist fast geneigt, zu glauben, sein Unterbewußtsein habe ihn aus einer Situation gerettet, die er nicht mehr ertragen konnte.

Haider verspricht die Show, und eine Show muß immer weitergehen. Ein geregeltes, gleichmäßig dahinlaufendes Politikerleben läßt seine Mentalität nicht zu. Haider braucht die ständige Mut- und Nervenprobe. Im Routinebetrieb eines Landeshauptmanns wird er unruhig und nervös.

In der politischen Landschaft spürt Haider tektonische Veränderungen, vor allem Verschiebungen im Machtgefüge früher als andere. Im Frühjahr 1991 war Haider besonders übellaunig und unruhig. Es lag etwas in der Luft. In Wien führten der damalige Klubobmann Norbert Gugerbauer und die Nationalratspräsidentin Heide Schmidt das große Wort. Haider selbst sprang an einem Gummiseil von der Jauntalbrücke und ließ sich zurückschnellen. Er verursachte einen diplomatischen Eklat, indem er den polnischen Staatspräsidenten Lech Walesa als „mehr breit als hoch" und dessen Landsleute als arbeitsscheu bezeichnete.[312] Es kam für ihn nicht in Frage, sich zu entschuldigen, denn das tun nur die, „die kein Rückgrat haben".[313] Er habe, sagte Haider zynisch,

---

311 32. Sitzung des Kärntner Landtags am 13. 6. 1991
312 Die Presse, 3. 5 1991
313 profil 20, 1991

„wenigstens einen guten Schmäh, so daß die Leute schmunzeln können".[314] Er rief den „Freistaat" Kärnten aus. Darüber wurde auch gelacht, aber hämisch. Dem Grazer Bischof attestierte er einen „Rowdy- und Rockerstil". Er stand fast jede Woche als Zeuge vor Gericht, weil er Minister, Kärntner Politikerkollegen, Wissenschafter und Journalisten mit Klagen eingedeckt hatte. Er schien allmählich außer sich zu geraten. Ein Faux-pas nach dem anderen war Vorbote einer nahenden Katastrophe.

In diesen Wochen wurde jedem politischen Beobachter klar, daß die Kärntner Koalition zwischen Freiheitlichen und Konservativen ihrem Ende zuging. Hinter dem Rücken des Landeshauptmannes hatten ÖVP und SPÖ eine neue Ressortaufteilung vorgenommen. Sie hatten Haider die Personal- und Landwirtschaftskompetenzen entzogen. „Wir halten an dieser Koalition fest", sagte der Landesgeschäftsführer der ÖVP, Klaus Wutte, „nicht weil wir wollen, sondern weil wir müssen."[315]

Man ist versucht zu sagen, hätte es nicht den Zwischenruf für die Arbeitsmoral im Dritten Reich gegeben, wäre bald etwas anderes, mindestens ebenso Spektakuläres passiert. Bei seinem Abgang weinte Haider aus trotzigem Zorn. Nicht einmal sein Chauffeur, beklagte er sich später, habe ihn noch heimbringen dürfen.[316] Bei der Solidaritätskundgebung in Klagenfurt ließ er sich als Opfer der Umstände feiern. Er rief in die 10.000 köpfige Menge, daß er „im Herzen" ihr Landeshauptmann bleiben würde. Seine Anhänger schworen Rache. 22 in- und ausländische TV-Stationen übertrugen das Abschiedsfest.

---

314 ebd.
315 Wiener 3, 1991
316 profil, 1999

Haider war nun ohne Funktion und Aufgabe. So vertrieb er Nobert Gugerbauer aus der Funktion des Klubobmanns, ging zurück nach Wien und sagte bald wieder Sätze wie: „Ich bin die Mehrheit."[317] Er mimte den Rabauken der österreichischen Innenpolitik. Sein Image in der Öffentlichkeit wurde nicht zuletzt durch das Buch von Hans-Henning Scharsach, „Haiders Kampf", geprägt. Scharsach wies Haiders Politik „faschistoide Tendenzen"[318] nach, warnte aber davor, Haiders Wahlerfolge in diesem Sinn mißzuverstehen: „Eine immer größere Zahl der Wähler will nicht länger dulden, daß die Großparteien das Land unter sich aufteilen. Die Wähler warten nicht auf Rezepte gegen die FPÖ. Sie warten auf Rezepte für das Land. Wer Österreich nach vorne bringt, läßt Haider hinter sich."

Wie aber war nun Haiders zwei Jahre während Debut als Landeshauptmann zu beurteilen? Nach 40 Jahren absoluter Herrschaft der SPÖ war es den Freiheitlichen im Jahr 1991 gelungen, zur zweitstärksten Kraft im Lande aufzusteigen. Die ÖVP bekam einen Sitz in der Regierung geschenkt und wählte dafür Haider zum Landeshauptmann. Sein Kärntner Programm bezeichnete Haider als „Wunschmodell für Österreich". Es war wenig originell. Haider tat nicht mehr, als bei einem Machtwechsel zu erwarten und nach der Einparteienherrschaft der SPÖ zu hoffen war. Er setzte symbolische Taten, die viel Aufsehen erregten. Er schaffte die Hofratstitel ab. Er ließ eine Kletterwand in den Amtsräumen des Landeshauptmanns montieren. Er war mit jedem sofort per Du. Er besuchte Feuerwehr- und Zeltfeste, gab Freirunden aus und trieb die Spenden zum Beispiel für Blasmusikkapellen angeb-

---

317 News, 26. 11. 1992
318 Hans-Henning Scharsach, Haiders Kampf, Wien 1992, S. 236

lich so sehr in die Höhe, daß die Funktionäre der anderen Parteien nicht mehr mithalten konnten. Er tourte durchs Land, er versprach vieles, was er nicht halten mußte. Die Sozialdemokraten hatten noch immer die Mehrheit im Landtag. Als das Zellstoffwerk Magdalen zugesperrt wurde, versprach Haider den 400 Arbeitslosen finanzielle Hilfe in Milliardenhöhe. Das lehnten dann im Landtag selbst die eigenen Mandatare ab. Was hätte er tun sollen? Die Bauern rannten der schwarzen Landwirtschaftskammer die Tür ein, weil Haider Subventionen versprochen hatte, wenn sie weniger Chemie einsetzten. Doch Geld war keines da. Ein Objektivierungsgesetz ließ eineinhalb Jahre auf sich warten. Trotzdem waren die Kärntner zufrieden, daß wenigstens eine private Beratungsfirma die Eignung der Bewerber für den Landesdienst testete. Auch die Anstellung von Putzfrauen im Landesdienst wurde objektiviert. Im Schulbereich dagegen ging kaum etwas weiter. Von zehn Schuldirektoren im ersten Haider-Jahr kamen gerade drei ohne ein Parteibuch in diese Funktion.

Die slowenische Minderheit hatte Böses befürchtet. In seiner Regierungserklärung stellte Haider jedoch „partnerschaftlichen" Umgang in Aussicht, und er richtete ein Volksgruppenbüro ein. Ein offizieller Besuch in Slowenien kam dennoch nicht zustande, weil Haider vom Ministerpräsidenten Loijze Peterle ausgeladen wurde. Haider behauptete, die Kärntner Slowenen hätten ihn „angeschwärzt".

Ab und zu drohte er in Richtung Wien. Er weigerte sich, das neue Minderheitenschulgesetz umzusetzen, weil es nicht für ganz Österreich galt. Er weigerte sich, die Kärnten zugedachte Zahl rumänischer Flüchtlinge aufzunehmen.

Zwei Jahre nachdem er „wie ein Verbrecher vom Platz gejagt worden war", gewannen die Freiheitlichen bei den Kärntner

Landtagswahlen abermals dazu. Im Jahr 1994 sah es so aus, als könne Haider die Kärntner Demütigung ausmerzen. Er verhandelte mit den Sozialdemokraten, man schlug sich vor laufenden Kameras freundlich auf die Schulter und prostete einander bei Brunello-Wein zu. Es war Haider viel daran gelegen zu zeigen, daß er wieder jemand war. Hätte Franz Vranitzky dem Treiben seiner Kärntner Parteifreunde kein Ende gemacht, wer weiß, was passiert wäre. Haider schloß schließlich einen Pakt mit ÖVP-Chef Zernatto: Er versprach, Zernatto für drei Jahre zum Landeshauptmann zu machen. Nach diesen Jahren sollte gewählt und der Vertreter der stärkeren Partei, Jörg Haider also, zum Landeshauptmann gekürt und die Quarantäne aufgehoben werden. Mit kaum verhohlenem Triumph trat Haider in Lederjacke vor das Fernsehpublikum. Zwei Drittel der Ressorts hatten sich die Freiheitlichen zugeschanzt. Der Pakt zeigte ungeschminkt, was freiheitliche Machtpolitik, verschärft durch Rachegelüste, bedeuten kann. In 32 Punkten hatten FPÖ und ÖVP die Posten einander zugeteilt: Posten in der Landesregierung und im Landesschulrat, Spitzenpositionen in der Verwaltung, Chefsessel im Wirtschaftsförderungsfonds, in jedem Wirtschaftsbetrieb des Landes, im Arbeitnehmerförderungsfonds, in den Sozialhilfeverbänden, in diversen Aufsichtsräten und im ORF. Man genierte sich nicht, Dinge wie „die gleiche Ausstattung der Büros des Landeshauptmanns und des Landeshauptmann-Stellvertreters" oder die „gleiche Höhe der Repräsentationsmittel (wird intern geregelt)"[319] für diese beiden Funktionen festzuschreiben.

Für Haiders Freunde war es dennoch nicht leicht, aus der Opposition ins Establishment zu wechseln. Der Machtverteilungsplan, der Haiders Unterschrift trug, rief bei den Anhän-

---

319 profil 25, 1998

gern einen Machtrausch hervor. Die Unterschrift war kaum getrocknet, da stürmten sie schon grölend ins Landhaus und rempelten jeden aus dem Weg, der noch dort saß. Beamte, die das falsche Parteibuch hatten, wurden auf Zuruf abgesetzt. Neue Namen wurden genannt. „Ab Morgen habt ihr Habacht zu stehen", rief einer der Haider-Leute.[320] Es herrschte Putschstimmung im Land. Haiders Anhang feierte den Sieg so laut und unverschämt, daß einige Details aus dem Vertrag schon damals in die Öffentlichkeit gelangten. Der ÖVP blieb nur der Rückzug. So etwas, das wußten die Konservativen, war in der Bevölkerung nicht zu rechtfertigen. Der Pakt hielt gerade 48 Stunden lang.

Zorn und Wut steigerten sich ins Maßlose. Man möchte fast von einer Selbstentgrenzung sprechen. Es folgten die wilden Jahre, in denen sich Haider als Rächer der Enterbten in Szene setzte und keine Gelegenheit ausließ, seine politischen Gegner nicht zuletzt in persönlichen Bereichen anzugreifen. Die Politikwissenschaft charakterisierte die FPÖ als „protestorientierte Arbeiterpartei neuen Typs". Vor allem aus den radikalisierten Schichten der sozialdemokratischen Arbeiterschaft schöpfte Haider seine Anhänger.

Doch jede Revolte wird einmal langweilig, wenn sie nur ein vorgebliches Ziel kennt, von dem jeder weiß, daß es unerreichbar ist. Um rasche Schwenks in der politischen Strategie durchzuführen und sich nicht mehr mit dem langsamen und schwerfälligen Parteiapparat plagen zu müssen, entwickelte Haider das Modell der „Bewegung". Haider war es leid, wie bei der Europafrage hinter dem Rücken der Partei Erklärungen abzugeben oder ständig an die Beschlußlage erinnert zu

---

320 Das ist ein Skandal. Haider und seine Spießgesellen, SPÖ-Kärnten (Broschüre)

werden. Er wollte sich in Zukunft langwierige Debatten und halbweiche Beschlüsse ersparen. Er wollte selbst bestimmen, wer in Spitzenpositionen kommt. Er wollte nicht auf die Interessengrüppchen innerhalb der Funktionärsschicht Rücksicht nehmen müssen. Das neue politische Hauptquartier sollte im Parlamentsklub, dem Haider vorsaß, angesiedelt sein. Die Sympathisanten sollten in einer Art von Fanclub mit größerer und kleinerer Nähe zum Zentrum Haider organisiert werden. Die Generalsekretäre wurden abgeschafft. Haider hatte erkannt, daß für den Appell an die Massen eine allgemeine Stimmung und ein vages Gefühl der Zugehörigkeit bedeutsamer sein können als Richtlinien, Parteiprogramme und Plattformen. Es gehe darum, sagte er, „die Funktionäre gegenüber den Mitstreitern zu entmachten".[321] Haider wollte auch außerhalb von Wahlkämpfen eine sichtbare, in Zahlen meßbare Anhängerschaft präsentieren, die dem politischen Gegner die Normalität und Respektabilität seiner politischen Bewegung vor Augen hält. Es war eine logische Konsequenz aus den Nöten der Partei. Sie stand, wie der Politikwissenschaftler Fritz Plasser sagte, „unter permanentem Mobilisierungsdruck"[322], abhängig von Stimmungen, Emotionen und einer „überdurchschnittlich hohen Medienresonanz". Haiders Vater, der so etwas wie eine „Bewegung" aus seiner Jugendzeit kannte, sagte damals in einem beiläufigen Gespräch: „Wenn er meint, daß die Zeit reif dafür ist, soll es der Bub tun."[323]

Damals begann Haider Massenveranstaltungen zu inszenieren. Die hat er ja immer geliebt. Beim Reden konnte er, der Schauspieler, den Eindruck erwecken, als würde ihm das,

---

321 Kleine Zeitung, 19. 10. 1994
322 Fritz Plasser, Thesen zum Wandel der FPÖ, Wien 1993
323 Aschermittwochstreffen, Ried im Innkreis, 2. 3. 1995

was in Wahrheit ausgeklügelt und ausgedacht war, gerade erst einfallen. Mit seinen typischen, über das Ziel hinausschießenden Aussagen schaffte er es auch immer wieder, von den Medien beachtet zu werden. Die Anhänger konnten bei diesen Events Schals und T-Shirts, Tennisbälle und Sportsocken kaufen. Auf den Fan-Artikeln war ein schwungvolles F gedruckt: F – so hieß die Bewegung damals.

Die Massenversammlungen waren – neben den Fernsehauftritten – die stärkste Form der Propaganda. Jeder einzelne, der in der Menge stand, ging mit einem gesteigerten Selbstbewußtsein und Machtgefühl, vielleicht sogar mit einem blauen Schal nach Hause. Die für den Augenblick entfachte Begeisterung schuf den Fans eine neue Heimat. Während die großen Skandale der Vetternwirtschaft und des Parteienfilz über das Fernsehen unters Volk gestreut wurden, erzählte Haider auf den großen Plätzen vom kleinen Unrecht. Da gab es die Geschichte von einem Lehrer, der, wie Haider behauptete, wegen Trunksucht außer Dienst gestellt worden war und dennoch einen Volksschuldirektorposten bekommen hatte. Oder es gab in seinen Reden einen Angestellten der Gebietskrankenkasse, der in seiner Frühpension den Extremsportarten frönte. Nie durfte der Ausländer fehlen, der Familienbeihilfe bezogen hatte, „ohne daß man weiß, ob es diese Kinder wirklich gibt".[324]

Haider nannte die Namen der denunzierten Menschen, und obwohl er wußte, daß es oft falsch war, was er sagte, erzählte er die Geschichten wieder und wieder. Als der Finanzrechtler Walter Doralt vor Gericht ging, um ehrenrührige Behauptungen einzuklagen, mußte er sieben Jahre prozessieren, weil Haider die Richtigstellung seiner Vorwürfe gegen Doralt

---

324 profil 48, 1995

mit juristischen Finten verzögerte. Doralt gab aus finanziellen Gründen auf.

Haider beherrscht die Kunst, in der erfahrbaren Realität geeignete Elemente für seine Fiktionen herauszufinden. Diese Fiktionen verwendet er dann so, daß sie von der überprüfbaren Erfahrung getrennt bleiben. Mit seinen Verschleierungen, die immer als Offenlegungen, als Enthüllungen getarnt sind, erreicht er eine Stimmigkeit und ein Gemeinschaftsgefühl, mit der die wirkliche Welt nie und nimmer in Konkurrenz treten kann.

Die Idee der „aktiv-" oder „info-card" ließ sich dennoch nicht verwirklichen. Dem stand das Parteiengesetz und die daran geknüpfte Parteienförderung entgegen. Aber auch die Anhängerschaft der FPÖ war viel zu heterogen und zu unentschlossen, um sich eine Plastikkarte zu besorgen, mit der man Informationsmaterial beziehen konnte oder auf Parteikonventen als Stimmvieh zugelassen wurde. Und die Funktionäre wehrten sich.

Der Konflikt zwischen Walter Meischberger und den anderen Haider-Sekretären rührt wahrscheinlich auch von daher. „Er hat versucht, einen Riesenapparat durchzusetzen, beamtete Angestellte ohne Ende. Das wollten wir nicht und dann war er bös'", sagt Gernot Rumpold.[325] Meischberger sagt, damals hätten Haider und seine engsten Mitarbeier „die Ideale der FPÖ verraten".[326] Unzufriedene Funktionäre hätten immer wieder aufmucken wollen und wenn sie dann vor Haider standen, hätten sie den Mund nicht aufgekriegt.

Für eine Bewegung gibt es nur eine Sache, die zählt, und das ist: ständig in Bewegung bleiben! Haider schaffte es

---

325 Gespräch mit Gernot Rumpold am 10. 6. 1999
326 Gespräch mit Walter Meischberger am 4. 6. 1999

schließlich auch ohne Strukturreform, aus der Partei einen mehr oder minder willenlosen Organismus zu machen, dem er, der Erfolgreiche, Leben und Sinn einhaucht. Es gab keine noch so opportunistische oder plötzliche Wendung der Politik, welche die Anhänger nicht einheitlich und geschlossen mittrugen. In wichtige, zentrale Funktionen kamen nur noch die Vertrauten. Als es schließlich unumgänglich war, der FPÖ ein neues Parteiprogramm zu geben, ließ Haider in aller Nonchalance erkennen, daß ihn die Streitereien um das „wehrhafte Christentum" oder den „Deutschnationalismus" kaum interessierten. Der mittlerweile ausgetretene Rüdiger Stix sagt: „Klubobmann Ewald Stadler durfte die Gegenreformation durchziehen, wir durften uns um den Liberalen Hajek kümmern. Es war ihm egal."[327]

In den Jahren 1996/1997 rief Haider für sich die neue Rolle des Staatsmannes aus. Er machte lebende und tote Juden zu seinen Freunden. Er behauptete, Kreisky hätte ihn geschätzt. Er erinnerte jetzt öfter daran, daß er die Erbschaft Bruno Kreiskys („Die Durchflutung des Landes mit Demokratie") antreten wolle. Bei genauerer Betrachtung fällt allerdings auf, daß er sich bloß einmal ein Zitat des Alten angeeignet hatte. Es handelte sich dabei ausgerechnet darum, „wie wenig national Adolf Hitler gewesen ist, was sich daran zeigt, daß er Südtirol geopfert hat."[328] Kreiskys letzter Kommentar zu Haider erschien, als dieser Landeshauptmann von Kärnten wurde. Er war nicht schmeichelhaft. „Ich kenne Haider, um nicht zu sagen, ich durchschaue ihn und habe das Gefühl, daß die Art, wie er seinen Sieg feiert, unangenehme Reminiszenzen an gewisse Jubeltöne von einst wachrufen. Es wäre leichtfer-

---

327 Gepräch mit Rüdiger Stix am 4. 6. 1999
328 aus einem Vortrag Kreiskys im Jahre 1985, abgedruckt in: Bruno Kreisky, Der Mensch im Mittelpunkt, Wien 1996, S. 218

tig zu meinen, man könne alles, was einmal war, vergessen."[329]

Haider unternahm alles, damit der Logotherapeut Viktor
Frankl die Wiener Ehrenbürgerschaft erhielt. Er unternahm
vieles, damit sie Simon Wiesenthal nicht bekam. Er zitierte
ständig Frankls Rede von den zwei Rassen der „anständigen
und unanständigen" Menschen. Haider selbst wußte sich bei
den Anständigen. Er schätzte es sehr, daß Frankl während seiner KZ-Jahre „auch in der SS gute Menschen" kennengelernt
hatte.[330] Er enthüllte Frankl im Fernsehen als seinen „persönlichen Freund". Es stimmt schon, Frankl war dankbar. Bei der
Verleihungszeremonie im Wiener Rathaus trat Haider gerade
rechtzeitig für die Kameras – an Frankls Seite in den Salon.
Auch während der Zeremonie fand er immer wieder etwas mit
dem Logotherapeuten zu plaudern. Die beiden wirkten un-
zertrennlich. Als Frankl kurz darauf wegen gefährlicher Herz-
probleme ins Spital mußte, kümmerte sich Haider um ihn.
Als Haider wegen seines Krumpendorf-Auftritts in Schwierigkeiten kam, behauptete er, auch Frankl habe nichts Böses darin gesehen, denn er würde es „nie übers Herz bringen, ihn zu
kränken".[331] Erst da merkte der Therapeut, wie Haider aus
dieser Beziehung politisches Kapital herausschlug. Frankl veröffentlichte einen Brief, in dem er zu dieser angeblichen
Freundschaft Stellung nahm: „Als ich ins Spital gebracht werden mußte, hat sich Herr Dr. Haider in einer weit über das
notwendige Maß hinausgehenden Weise um mich geküm-
mert. Ich bin ihm dafür zu Dank verpflichtet, und man muß

---

329 Der Standard, 9. 6. 1989
330 Karl Fallend, Unbewußte Zeitgeschichte in Österreich; Timothy
Pytell, Was nicht in seinen Büchern steht, in: Zeitschrift für Psy-
choanalyse und Gesellschaftskritik 39, 1997
331 Der Standard, 13. 1. 1996

verstehen, daß ich nun nicht öffentlich Wortklaubereien darüber anstelle, ob es sich dabei nur um die Hilfsbereitschaft eines Bekannten oder schon um einen Beweis von Freundschaft handelte. (…) Allerdings habe ich kein Verständnis für Dr. Haiders Auftritt in Krumpendorf."[332] Haider nahm die Abfuhr, wie man so sagt, sportlich. Im kleinen Kreis sprach er vom Terror, dem Frankl ausgesetzt sei.

Haider war stolz darauf, daß Peter Sichrovsky sein Angebot annahm, für die Europawahlen zu kandidieren. Beim Wahlkampfauftakt 1996 im Belvedere hätte er sich fast wieder einmal verraten. Haider hatte damals in seine Reden eine Passage gegen die Nahost-Politik eingeflochten, in der er Kanzler Vranitzky vorwarf, österreichisches Steuergeld an Israel zu verschenken. Sichrovsky, der in der ersten Reihe saß, zuckte zusammen, Haider sah das und änderte Satz und Sinn auf Palästinenser.

Im Sommer 1997 belegte Haider in Harvard einen Kurs über Budgetkonsolidierung. Er gab sich lerneifrig. „In seinem Auftreten", schrieb ein Beobachter, „lag etwas von einem Lieblingsschüler. Professor Geoffrey Sachs winkte ihm zu, als er in die Klasse kam und lobte in seiner Vorlesung ganz bewußt die kleine Republik."[333] Eigentlich handelte es sich um einen Kurs für den politischen Nachwuchs aus Ländern der Dritten Welt. Haider wohnte auch nicht auf dem Campus, sondern in einem teuren Hotel. Wenn er in den standesgemäßen, teuren Restaurants die Journalisten empfing, dann konnte es schon passieren, daß er den Kellner herbeiwinkte, weil „der Rotwein zu süß" war. Er war ein Mann von Welt geworden – und in Österreich hatte das noch niemand wahrhaben wollen?!

---

332 ebd.
333 Falter 40, 1997

In Haiders Bewegung oder Partei herrscht ein abgestufter Zynismus, der innerhalb des engsten Kreises die Gefahr bannt, daß Haider durch das Gewicht seiner eigenen Propagandathesen gezwungen werden könnte, seine Erklärungen wahr zu machen. So gesehen war der Demokratievertrag, den Haider im Jahr 1998 seinen Funktionären aufzwang, das Anzeichen einer echten, ernsthaften Krise und nicht nur ein Signal nach außen. Die Funktionäre verpflichten sich darin zur Einhaltung ihrer Wahlversprechen und zur Offenlegung ihrer Gehälter.

In diesem Jahr wurde Haider von mehreren Krisen geschüttelt, an deren Ende er damit drohte, die Partei neu zu gründen. 90 Prozent der Funktionäre, so war Haider überzeugt, würden auf sein Kommando hin mitmachen.

„Eine politische Angreifergruppe muß überzeichnen", erklärt Rumpold die Gesetze erfolgreicher Politik. „Du mußt so überzeichnen, daß sie reagieren. Wenn sie reagieren, hast du schon gewonnen. Da kannst du die Idee, die du weit hinaufgeschossen hast, zur Hälfte umsetzen."[334]

Dazu paßt die Strategie der kontrollierten Skandalisierung. Zum Beispiel: Man stellt eine unerhörte Behauptung auf und dementiert sie nachträglich. Damit hat man durch zweierlei die Aufmerksamkeit der Medien erregt: erstens durch die unerhörte Behauptung und zweitens durch das Dementi. Geschickt ist es auch, wenn man den Überbringer der unerhörten Behauptung zum Schuldigen erklärt. So geschah es im Fall eines Interviews für die „Oberösterreichischen Nachrichten", in dem Haider mitgeteilt hatte, die Landeshauptleute würden nicht arbeiten, sondern nur präsentieren. In der Phase des Dementis bezichtigte Haider den Interviewer: Dieser wäre dafür bekannt, „im Auftrag" zu handeln.

334 Gespräch mit Gernot Rumpold am 10. 6. 1999

Auch die Vorführung eines Tonbandes kann an dieser Haltung nichts Grundsätzliches ändern: Man erweckt angesichts der Fakten einfach den Eindruck, diese wären interpretierbar. Damit ist eine zweite Art von Strategie eröffnet: Auf jeden Vorwurf erfolgt unmittelbar der Gegenangriff. Man hält sich nicht bei einer Entschuldigung auf. Es gilt vielmehr: Wer immer etwas gegen mich sagt, tut das nicht im Interesse der Wahrheit, sondern stets im Interesse, „im Auftrag" geheimer finsterer Mächte, zumeist im Dienste von SPÖ, ÖVP oder gar der außerparlamentarischen Linken. Diese Vorstellung, daß geheime, anonyme Mächte „schuld" seien, teilt Haider wahrscheinlich mit einer Mehrheit von Menschen, die auch nicht wissen, wie ihnen geschieht. So klinkt er sich erfolgreich in vorherrschende Mentalitäten ein.

Man darf befürchten, daß Haiders Stil aber auch ganz abseits strategischer Überlegungen mehrheitsfähig ist. Seine Manipulationen kommen von innen, vom Herzen, und sie bauen auf Neid und Mißgunst und sollen für verlorene Illusionen entschädigen. Es wird berichtet, daß bei einer Veranstaltung der Freiheitlichen im Klagenfurter Musilhaus ein Jargon zur Anwendung kam, von dem der Leiter des Musilhauses der Ansicht war, das hätte an diesem Ort nichts zu suchen. Haider hatte darauf, so hieß es, etwas in der Art gesagt: „Auf diese Weise werden Sie nicht ordentlicher Professor." Jedenfalls hat er mit dem Zaunpfahl der ordentlichen Professur gewunken. Das ist typisch, weil Haider als ständige Motive der Kränkung oder des Triumphes die jeweiligen Positionen eines Menschen in der Hierarchie bereithält oder sie ihm vorhält. Daß es Leute gibt, nicht zuletzt Intellektuelle, denen die Hierarchie – wenn nicht überhaupt, so zumindest relativ – egal ist, entzieht sich vollständig seiner Vorstellung. Deshalb wird ein Haider stets glauben, daß solche Leute noch viel finsterere Dinge im Sinn haben als er selbst.

Die unerschöpfliche Aufgeregtheit der „Kronenzeitung" sorgt für eine Stimmung, die sehr gut zu Haiders Programm paßt. Die „Krone" pusht und verhindert ihn zugleich, da sie ihn immer als zweiten Mann modelliert. Einen Großteil seiner Popularität verdankt Haider jedoch seinen Gegnern, den Magazinen und Journalen, die ihn heftig kritisieren, die aber aus kommerziellen Gründen von seinen Skandalen abhängig sind. Darin liegt eine gewisse Gefahr, wenn selbst der Gegner nur noch zur Popularität beitragen kann. Im übrigen kann man der „Kronenzeitung" eine ähnliche Mentalität nachsagen, wie sie sich auch bei Jörg Haider zeigt. Als der deutsche Autor Michael Frank in der „Süddeutschen Zeitung" einen österreich-kritischen Artikel schrieb, antwortete die „Krone" darauf mit der rächenden Maxime, der wolle ja nur seinen Namen in Österreich genannt hören, aber „diesen Gefallen werden wir ihm nicht erfüllen".[335]

Solange die auflagenstärkste Zeitung in Haider bloß ihren Mann „fürs Grobe" sieht, mit dem sich einiges, aber nicht alles weitertreiben läßt, wird Haider seinen Traum vom Bundeskanzler wohl weiterhin nur träumen können.

Haider sagt heute, er strebe die Kanzlerschaft „langfristig" an. Rückschläge und Enttäuschungen hat er eingeplant, denn in seinem Leben sei „nichts leicht gegangen".[336]

Haider will nun in Kärnten vorzeigen, was er kann. Der schwesterliche Rat von Ursula Haubner lautet: „Durchhalten, bei den politischen Mitbewerbern ein gewisses Vertrauen gewinnen und zeigen, daß er auch zu Konsens fähig ist."[337]

Doch es könnte leicht passieren, daß Haider Reflexionen, die er vor zwanzig Jahren angestellt hat, noch einmal über-

---

335 Neue Kronenzeitung, 17. 7. 1999
336 Gespräch mit Jörg Haider am 16. 7. 1999
337 Gespräch mit Ursula Haubner am 12. 7. 1999

denken wird müssen. Damals sagte er: „Mir wird eiskalt, wenn ich daran denke, daß man wie ein Frosch auf einer Sprossenleiter sein ganzes Leben lang nur schaut, wie man die Sprossenleiter hinaufkommt. Dann sagst vielleicht einmal: Du bist ein Narr gewesen."[338]

---

338 Neue Kronenzeitung, 16. 11. 1980

Schlußpunkt in eigener Sache

„Sie schreiben ein Haider-Buch? Interessant!" – So lautete der freundliche Zuspruch von Frau Riess-Passer und Peter Westenthaler. So geschehen bei einem Auftritt von Thomas Prinzhorn im Hotel Imperial; er sprach zur „flat tax".

Im November 1998, als der Kärntner Wahlkampf begann, war ich als Beobachterin dabei. Es schien sich eine Eiszeit zwischen mir und der FPÖ anzubahnen. Karl-Heinz Petritz, der persönliche Sekretär Jörg Haiders, hat es auf den Begriff gebracht. Ich sei „in Kärnten eine unerwünschte Journalistin". Das hatte naturgemäß logische Folgen: Veranstaltungen – sogenannte Bärenpartys, zu denen ich hinfahren wollte wurden „abgesagt". Fuhr ich trotzdem hin, wurden sie schnell zu privaten Veranstaltungen erklärt.

Davon, von der FPÖ als einer geschlossenen Gesellschaft, lasse ich mich nicht abschrecken. Im Gegenteil: Unerwünscht zu sein, steigert die Arbeitsfreude der Journalistin. So versuche ich, über eben diesen Karl-Heinz Petritz, den persönlichen Pressesekretär oder Haider-Sekretär – keiner weiß ja so genau, was er macht –, einen Termin bei Haider zu bekommen. Bei einem Interview für das „profil" ist Haider gut gelaunt, er hat gerade die Wahlen in Kärnten gewonnen, jeder sagt, man müsse das Wahlergebnis „ernstnehmen" – was bedeutet, daß er Landeshauptmann werden darf. Haider und ich, wir sitzen am Wörthersee, schauen aufs Wasser. „Sie schreiben ein Buch über mich?" Ich sage, dafür hätte ich gern einen Extra-Termin. Haider: „Kein Problem. Das mach' ma schon."

Schließlich am Linzer Parteitag im Juni 1999: Wieder ist ein „profil"-Interview ausgemacht. Ich warte sechs Stunden. Ich versuche mit der Zeitnot Eindruck zu schinden: Es wird zu spät, das Interview kommt nicht mehr ins Heft. Es ist Freitag nachmittag, und es wird immer später. Haider posiert für CNN-Leute, die ein kleines Porträt gestalten. Mein Interview mit ihm kommt buchstäblich in letzter Sekunde zustande. Am Schluß sage ich, daß ich jetzt eine fixe Zusage brauche, ob er mir für das Buch Rede und Antwort steht. „Klar", sagt er, „wie lang werden wir brauchen? Zwei Tage?" – „Na vielleicht tun's erst einmal auch zwei Stunden" – „Kein Problem. Der Karl-Heinz macht das. Ihr kennt's euch ja eh, oder?"

Vier Wochen, bevor das Buch fertig sein soll: Ich telefoniere nun schon jeden zweiten Tag mit dem „Karl-Heinz", genauer: mit seiner Mobil-box. Ab und zu krieg ich ihn selbst ans Telefon. „Es ist wirklich schwierig", sagt er, als ob ich es nicht selber wüßte.

Dann endlich: Ich habe den Termin! Mittwoch, den 14. Juni in Klagenfurt! Am Dienstag wird er abgesagt. Warum? Karl-Heinz Petritz erklärt: „Es ist etwas passiert. Haider ist gar nicht in Kärnten. Er mußte fort." – Wohin? „Kann ich nicht sagen." Ich stelle ein Ultimatum: Sollte ich nicht bis Dienstag Abend um 20 Uhr einen Ersatztermin haben, dann – schreckliche Drohung – laß' ich es sein! Zehn Minuten vor 20 Uhr, kurz vor Ende des Ultimatums, läutet das Telefon: Termin am Freitag, in Klagenfurt. Um 10 Uhr soll ich bei der Schiffsanlegestelle sein. Später am Abend treffe ich einen Kollegen, dem ich von diesem Tauziehen um den Interview-Termin erzähle. „Das ist eigenartig", sagt der Kollege, „Haider ist doch morgen sowieso in Wien. Er gibt eine Pressekonferenz."

Selbstverständlich bin ich am nächsten Tag auch bei der Pressekonferenz. Ich sage nichts, aber ich sitze da und denke mir, vielleicht kriegen sie ein schlechtes Gewissen. Am Ende der Pressekonferenz gehe ich auf Haider zu und frage, warum er mich unbedingt nach Klagenfurt beordern will, wo er doch ohnehin schon in Wien sei. Haider: „Haben Sie einen Termin bekommen? Am Freitag in Klagenfurt. Gut. Na, dann sehen wir uns ja."

Freitag, den 16. Juli 1999 in Klagenfurt, 9 Uhr 45 bei der Schiffsanlegestelle. Weit und breit nur Touristen und ein beeindruckendes Wörtherseeschiff, die „Thalia". Endlich ein junger Mann in Anzug und Krawatte. Dann Petritz. Zwei Motorboote liegen im Wasser. Noch eine Journalistin. Wir warten. Schließlich werden wir übers Wasser zur Seebühne bei Wörth gebracht. Pressekonferenz für die Journalisten in der prallen Sonne. Haider steht hinter einem Rednerpult. Ihn schützen übermannshohe Papptafeln – „100 Tage Landeshauptmann" – vor der Sonne.

Die Seebühne befindet sich erst im Aufbau. Der Boden schwankt noch. Nach der Pressekonferenz gibt es Prosecco, Bier, Mineralwasser und Brötchen. Man steht und ißt und trinkt. Die Seebühnen-Arbeiter springen in den Wörthersee. Haider steht und ißt und trinkt. Die Mittagssonne zieht auf. Haider verschwindet, kommt wieder, läßt sich fotografieren, es bilden sich Grüppchen, Haider einmal da, einmal dort, ich sitze auf den Planken im Schatten der Uferbäume und warte. 13 Uhr 30, da erkundige ich mich mal, wie lang das noch dauert?

Endlich – wieder zum Motorboot: Haider, Petritz, dann noch zwei junge Männer, einer blond, der andere brünett. Auf der Fahrt weist Haider über den See: „Dort, hinter den Karawanken: Zell-Pfarre und meine Slowenen!"

Das Boot bringt uns zu einem wunderschönen Wörther-seestrand, zu einem Privatstrand, versteht sich. Am Steg sonnen sich ein paar Leute, eher älteres Semester. Die Leute schauen erstaunt, als Haider aus dem Motorboot klettert. Eine kleine Bar, der Wirt, selbstredend ein Freund von Haider. Die Schlachtenbummler und Petritz setzen sich mit Haider an einen runden Gartentisch. Dort darf ich nun den Landeshauptmann interviewen. Vor Publikum, das sich auch fallweise einmischt, Meinungen zum besten gibt, wenn es nicht gerade den Mund voll hat. Es wurde ja aufgetischt. Käse, Brot, Wein und allerhand anderes.

Vom anderen Ufer leuchtet zwischen den Bäumen die Villa der Frau Horten herüber. Sehr schön. Man war schon dort. Sogar im Haus drinnen, und Haider ist stolz darauf: Er war bei Horten eingeladen.

Der Wirt wechselt, so oft er kann, mit dem Landeshauptmann ein paar Worte. Es geht um das Befinden im allgemeinen, aber auch um praktische Fragen: Ob er etwas kochen solle? Spaghetti? Nach einer knappen dreiviertel Stunde wird der Konvent plötzlich abgebrochen. „Wir müssen gehen", heißt es, und man setzt sich an einen anderen, einen größeren Tisch, um dort Spaghetti zu essen.

Register